再検証 夏の甲子園 激闘の記憶

1973年 広島商業 精神野球の神髄

馬場 遼

はじめに

近年の野球は明らかにレベルアップしている。２０１９年には大船渡（岩手）の佐々木朗希（ロッテ）が１６３キロを投げ、２０２１年は阪神のルーキー・佐藤輝明が豪快な本塁打でファンを沸かせている。さらに海の向こうではエンゼルスの大谷翔平が二刀流として活躍。世界最高峰の舞台で先発ローテーションを守りながら本塁打王争いを繰り広げている。

剛速球や本塁打といった華やかなプレーが多くの人々を魅了するのは間違いない。一方で、相手の意表を突くトリックプレーや小技を駆使して前評判で上回るチームを破るのも、野球の醍醐味の一つではないだろうか。

その意味で人々の記憶に新しいのが、２０１８年に夏の甲子園で準優勝した金足農（秋田）だろう。同年にドラフト１位で日本ハムに進む吉田輝星という大エースを擁してはいたが、チーム自体の前評判は決して高くはなかった。それでも、ここぞという場面での勝負強い打撃に加え犠打も多用して、秋田県勢として103年ぶりの決勝進出を決めた。特に準々決勝の近江（滋賀）戦で見せた逆転サヨナラ2ランスクイズは名勝負として今後も語り継がれていくだろう。決勝では大阪桐蔭を相手に敗れて東北勢初の甲子園優勝とはならなかったが、彼らの活躍に人々は熱狂し、一種の社会現象となった。

世間の話題をさらった2ランスクイズだが、これを初めて甲子園で実行したのが1973年夏の広島商である。3回戦の日田林工（大分）戦、1対2と1点を追う2回裏、一死満塁の場面で佃正樹が投手前にスクイズを決めると、三塁走者に続いて、二塁走者の達川光男（元広島）も相手投手が一塁に投げた隙に一気に生還。球場では何が起こったのかがわからず、テレビカメラですら達川のホームインを撮り逃していたという逸話が残っている。さらにこの夏の広島商は決勝の静岡戦でも同点の9回裏、一死満塁の2ボール2ストライクから大利《おおり》裕二がスクイズを決めてサヨナラ勝ち。甲子園決勝でのサヨナラスクイズは後にも先にもこの一戦しかない。

この年の広島商は春準優勝、夏優勝と甲子園で輝かしい成績を残したが、迫田《さこだ》穆成《よしあき》監督（現竹原監督）からは「広商が始まって以来、史上最弱のチーム」と評されていたと当時の主将である金光興二は振り返る。そのチームが「怪物」と称された江川卓（元巨人）を擁する作新学院（栃木）を選抜で破り、夏は頂点まで駆け上がった。

力量では全国クラスと見られていなかったチームが、いかにして日本一になったのか。その理由を取材していく中で、勝負に勝つために必要な組織づくりや戦術、精神力などが明らかになった。あれから48年経ったが、現代の高校野球に通用する部分も多くあるのではないだろうか。野球に携わる人々の参考になれば幸いだ。

目次

カバー写真　１９７３年夏の甲子園決勝。
広島商はサヨナラスクイズで優勝を決めた

デザイン　江口修平
撮影　　　ＢＢＭ
編集協力　永山智浩、プロランド・山竹杏子

第一章

伝統と新チームの結成

広商野球の原点は石本にあり

高校野球といえば、多くの人が金属バットで行われているというイメージを持つだろう。だが、金属バットが高校野球で解禁されたのは１９７４年のこと。それまでは木製バットの使用しか認められていなかった。そんな時代の節目となった１９７３年夏の甲子園で優勝したのが広島商。決勝ではスクイズでサヨナラ勝ちという劇的な勝ち方で優勝を掴み取った。

広島商は広島県を代表する名門校である。１８９９年11月1日に前身の「広島商業学校」が創立され、同時に野球部も創部。現在の夏の甲子園の礎である１９１５年の第１回中等学校野球大会から公式戦に出場している。記念すべき第1回大会は山陽大会決勝で広島中（現広島国泰寺）に1対3で敗れ、惜しくも全国大会出場とはならなかった。当時の五番、投手が後に監督として戦前の広島商黄金期を築いた石本秀一だった。

石本は翌16年にエースとしてチームを初の全国大会に導くと、翌17年も出場。卒業後は満州の大連実業団でプレーし、広島での新聞記者を経て、23年に母校の監督に就任した。すると、翌夏に初めて全国制覇を達成。その後も29年、30年に夏連覇、31年春を制して夏春連覇に導くなど、輝かしい実績を残した。当時、全国大会の優勝を4度経験したのは石本が初めて。高校野球の世界では、「戦前最高の監督」として評価する声もある。

広島商の監督を退いてからはプロ野球の指導者として活躍。36年に大阪タイガース（現阪神）の2代目監督に就任して、初優勝を含む2度の優勝を達成した。その後もさまざまなチームを渡り歩き、50年には広島カープの初代監督に就任。プロアマ含めて、広島の野球振興に大きく貢献した人物である。72年には野球殿堂入りを果たし、82年11月10日に85歳で生涯を閉じた。

石本の指導方法として広く知られているのが、1000本ノックなどの超スパルタ方式。加えて、日本刀の白刃の上に素足で乗る「真剣の刃渡り」らを実行して、精神面も徹底的に鍛え上げてきた。この石本の指導が広島商の伝統である「精神野球」の原点だといわれている。

広商野球部員は精神野球に徹すべし

広島商の野球といえば、バントや走塁を駆使して1点をもぎ取り、堅い守備で守り勝つという野球をイメージする人が多いかもしれないが、すべての土台となっているのは精神野球だ。68年に当時の荒仁井芳衛ＯＢ会長が記した「広商野球部員心得」の最初にはこう書かれている。

「広商野球部員は精神野球に徹すべし」

第一に「精神野球」という言葉が出てくるほどに、広島商では精神力が重要視されている。73年夏に甲子園で優勝した代も真剣の刃渡りを行った。当時の記憶を金光興二はこう回想する。

「昔はそれを頻繁にやられていたそうですが、我々の時代はそういうことに対しての是非というのは言われる時代になっていました。怪我があったりしたらだれが責任を取るという話じゃないですか。もちろん、我々は腹式呼吸をやって、精神統一の訓練をいろいろやって、真剣の刃渡りをやるんですけど、刃渡りをやるために我々の目の前でさまざまなものを切るわけですよ。もちろん、スパスパ切れる。当然、真剣が2本立っていて、その上に乗るわけですが、片方ずつは乗れないんですよ。だから両方で補助の方に抱えられて、刃の上に上手く体重がかかるように乗っていかないと、どちらかに体重がかかると切れてしまうんです。しかも刃の上で動いたり、足がずれたりしたら、切れるんですよね。私も乗った瞬間は意識が刃のところにいっていて、そこに集中していて、何も考えられないんですよ。1分くらい経って、両脇を抱えられて下りるんですけど、下りたら冷汗がダーッと出てくるんですよね。ああいう経験をすると、無の境地になってくるんです。ほかに何も考えられないんですよ。その目標、目的はゲームに臨む無の境地。いらないことを考えずにボール、ゲームに集中する。我々がよく言われていたのは甲子園の9回の二死満塁、ここで抑えたら勝ちという場面を常に想定して、練習を積むということ。そのときには無の境地になってというのは常に言われてきましたからね。だから真剣の刃渡りは精神的な自分たちの強さという面で、私はプラスになったという感じはしますね」

刀の上に立つというのは考えただけでもゾッとする行為だが、こうした鍛錬を積んでいるからこそ、土壇場でも力を発揮できるともいえる。

迫田監督の苦い思い出

当時のチームを率いていたのが、迫田穆成監督。広島商監督として春夏通算6度の甲子園出場を果たし、監督を退任した後は如水館の監督として、チームを春夏合わせて8度の甲子園出場に導いた。82歳となった今も広島の県立高校である竹原で監督を務める現役の指導者だ。迫田監督も広島商のOBで、57年には主将として夏の甲子園優勝を経験している。卒業後は家業の洋服店で働く傍ら、社会人野球や高校野球の審判員をしていたが、66年に当時の監督だった畠山圭司に誘われる形で母校のコーチになり、翌年秋に監督就任。迫田監督、畠山部長のコンビで、後に全国制覇を果たすことになる。

迫田もまた、高校時代に精神面の重要性を痛感していた。

それは優勝した3年時夏の甲子園、法政二（神奈川）との決勝での出来事だ。当時は

主将として57年夏の甲子園で
チームを優勝に導いた迫田

試合に出ている選手が三塁ランナーコーチも兼務することになっており、0対0で迎えた3回裏は迫田が三塁コーチャーズボックスに立っていた。その回に広島商は一死一塁から長打が出る。走者は悠々とホームに還れるタイミングだった。迫田は当然、腕を回すつもりでいたが、「動きが小そうなって、よく回らなかったんです」と突然、腕が回らなくなった。走者はストップと勘違いしていったん止まったが、「違う、ホームだ！」ととっさに声を発したことで、何とか先制点を取ることができた。

点が入ったとはいえ、傍から見れば、明らかなミスジャッジだ。この試合で指揮を執っていた円光寺芳光監督は、すぐに三塁ランナーコーチの交代を命じた。迫田にとってみれば、5万人の大観衆の前で公開処刑をされたも同然である。試合に勝利して、優勝旗を掴むことができたが、苦い思い出にもなった試合だった。

「ベンチに帰ったら、言い訳できんのですよ。みんな一生懸命戦っとるときに私がいろいろ言っても絶対に無理なんです。結局、卒業してもその夢を5年見るんですよ。どういう夢かというたら、監督さんに謝りよるんです」

夢に出るほど、トラウマになったこのプレー。いつでも甲子園の決勝を意識しなければばならないという教訓を得た迫田は、指導者となってから、常に甲子園の決勝をイメージすることを選手に求めた。

「平生の練習を、いかにそれだけ真面目にやっているかいうことが、一番肝心な甲子園で出るんですよということですね。甲子園というのは、そういうとこだから。真面目にやってない人は失敗するんですよ」

迫田監督で優勝した73年は金光を中心にそういった考え方をできる選手が多かったと振り返る。詳細は後述するが、公式戦を勝ち上がる中で、日頃の練習の賜物といえるプレーが随所にあった。勝てる年というものは得てしてそういうものなのかもしれない。

甲子園で優勝しても胴上げしないのが広商の流儀

迫田監督は広島商の精神野球について次のようにも述べている。

「広商は甲子園で優勝しても、絶対に相手の前で胴上げなんかしないんです。いい相手といい試合ができたのに、その相手の前で『勝ったんだ』というようなことは、絶対にやったらいけん。武士道精神に反するというようなことを最初に教えてもらって、私はそれがものすごく印象に残っとるわけです。思いやりのある野球をしなさいというのが、今も野球を教えとって、一番うるさく言っていることですね」

実は広島商は49年に一度、広島県高等学校再編により廃止されている。生徒は観音と基町の商業科にそれぞれ編入となったが、54年秋に両校の1年生を集めて広島商が再興。その翌年に入学してきたのが迫田だった。

名門復活にOBたちは喜び、連日のようにグラウンドを訪れた。その際、現役の選手に指導を行ったのが、武士道精神に則った野球だったという。だから、広島商が優勝しても過度に喜ぶことはせず、胴上げなんてもってのほか。73年夏にサヨナラスクイズで生還した三塁走者の楠原基はヘッドスライディングでホームインしたあとにバンザイをしながら立ち上がったが、その行為ですら、周囲にとがめられたそうだ。当時の正捕手だった達川光男はこう証言する。

「かなりみんなに怒られていましたよ。『お前、何バンザイしとるんだ、馬鹿野郎』と。

ヘッドスライディングしてバンザイなので、自然な動きなんだけど、あれは相当広商では物議を醸しましたね」

過度なパフォーマンスならともかく、サヨナラのホームを踏んでバンザイをしただけで、苦言を呈されるのもいささか気の毒だが、それだけ広島商は立ち振る舞いにも高いレベルの品格を求められているのだ。

また、迫田監督は胴上げで苦い思いもしている。それは73年春の甲子園決勝だ。江川卓擁する作新学院を倒して、横浜（神奈川）との最終決戦に挑んだが、延長11回表に佃正樹が二死一塁から冨田毅に左翼ポール際に2ラン本塁打を打たれたのが決勝点となり、1対3で敗戦した。

試合後、相手の渡辺元（現元智）監督（当時）は選手たちに歓喜の胴上げをされていた。その光景を見たときに改めて、胴上げはするものではないと確信したという。

「パッと見たら、渡辺監督が胴上げされていました。うちの選手は負けて、何か悪いことしたような顔をしとるんですよ。だから、私は優勝したときに、相手の前で、そういうことはしたらいけんなというのを、そのときに凄く感じましたね」

近年では高野連が派手なガッツポーズやパフォーマンスに注意をすることで、世間から批判を浴びることが度々ある。世の中の価値観が徐々に変わってきており、広島商のような姿勢をよく思わない人も、もしかするといるかもしれない。だが、こうした伝統を頑なに守り続けてきたことで、広島商のブランドが守られてきたのも事実だ。高校生の気質が年々変化していく中で、広島商のスタイルが変わらないのかどうかにも注目していきたいと思う。

驚きの主将就任

ストイックな心を重視する広島商。心の鍛錬のためにも、技を磨き、体をつくるためにも、その練習はハードだった。特に練習前にグラウンド整備をしなければならない1年生のときは大変だったと金光は振り返る。

「私が1年生のときの記憶では、5時くらいに起きて6時前にはグラウンドに出ていました。グラウンド整備をしながら、先輩の練習を手伝って、家に帰るのは11時過ぎとか。

だから風呂に入るのもしんどい。食事しながら寝るようなサイクルでしたね」

当時の高校野球では珍しくないスケジュールだったのかもしれないが、明らかに心身ともに削られる日々を送っていた。強豪校では入学時に100名前後いた部員が、3年生になった頃には20名を切っていたという例が多くあったが、広島商も例外ではない。金光の世代も達川の記憶では入部当初は60~70人の同級生がいたそうだが、彼らの代が始まる頃にはマネジャーを含めて12人しか残っていなかった。これは広島商の歴史で戦後最少の人数だったという。

この世代は2年夏まで一度も甲子園の土を踏むことができずにいた。1972年夏は県大会2回戦でライバルの広陵に3対6で敗れている。レギュラーだったのは外野手の楠原のみ。投手の佃は「半分くらいは投げていた」（迫田監督）と戦力として機能していたが、エースと呼ばれるほどの存在ではなかった。「広島市内の学校でベストナインをつくったら、崇徳高校のほうが多かったですね」と純粋な力量では同じ広島市にある私立校の崇徳が上回ると迫田監督は感じていた。

新チームの主将選びでは、迫田監督は楠原を指名するつもりでいた。だが、それに異を唱えたのが、当時の3年生だった。

「楠原は打つほうへ専念させてください。キャプテンやって、いろんな気を配りよったら、彼のバッティングがちょっとおかしくなったらいかんので。精神的に金光がしっかりしとるんで、やらせてください」

こうした3年生の意見を受け入れ、迫田監督は金光を主将に指名。「少しビックリした」と任命された本人もあまり予想していなかった。

広島市で生まれ育った金光が甲子園への想いを強くしたのが中学2年生の夏。松山商（愛媛）と三沢（青森）の試合をテレビで観たのがきっかけだった。松山商・井上明と三沢・太田幸司（元近鉄など）が延長18回で無失点の投げ合いを披露し、引き分け再試合の末に松山商が4対2で勝利した伝説の一戦。高校入学を2年後に控え、甲子園を現実的に捉えられるようになっていた。当時の広島県は広陵と広島商が2強を形成していたが、「私の野球のスタイルは広島商の野球のほうが合っているかな」と広島商に進学。旧チームから背番号16でベンチ入りしていたが、レギュラーではなかった。予想外の主将指名に戸惑いながらもチームを引っ張っていく覚悟はできていた。

「任命された以上は私なりのキャプテンシーでチームを引っ張っていき、全国制覇を目標に頑張らないといけない。私のキャプテンシーは有言実行よりもとにかく行動で示していくことを意識していました。グラウンド整備も後輩に任せるのではなく、率先して上級生からやっていました。当然、練習の中では一番声を出して、引っ張っていくとかね。とにかく行動で表していくキャプテンを目指していました」

実際、金光のキャプテンシーは素晴らしいものがあった。今でこそ御法度だが、当時の高校野球では指導者や先輩からの体罰が珍しくない時代。迫田監督もそうした指導をしていたことを認めている。だが、この世代には手を出す必要がなかったと迫田監督は振り返る。

「金光君が、私が怒る前に怒りだして、『なんで今の捕れんか！』と。キャプテンが注意しよるんだから、私はほっといて、次に入るんです。そうすると皆、『キャプテン、早よ、怒ってください。監督以上に先、怒ってください。そうしたら、全然殴られもせんと、怒られもせんから』ということで、言いたいことをみんながだんだん言いだした。それがチームを良くした一つの要因でもありますね」

こうした行動は意図的に行っていたと金光は話す。

「監督さんや部長さんに言われるチームでは絶対に勝てません。だから部長、監督から注意される前に選手同士でそこをきちっとやるようにならないといけないという思いはありました。だから確かにチームの雰囲気は瞬間的に悪いときはありましたけど、それがチームの結束になったとプラスに考えたらいいわけですよね」

また、このチームは金光が発言しやすい環境が整っていた。内野手で最上級生だったのは、レギュラーでは遊撃手の金光のみ。一塁手の町田昌照、二塁手の川本幸生、三塁手の浜中清次はいずれも下級生だった。現在、広島商のOB会長を務めている浜中は金光が内野の中心となることで、上手く回っていたと回想する。

「金光さんが自分で指示すれば、パパッとできるじゃないですか。それって凄く良い状態だったと思います。金光さんは凄かった。指示がしっかりしていたし、カットプレーでもあの人が全部行きますからね。ゴロでもサードが捕ったほうが良いというのがあるじゃないですか。それでも『捕るな！』と言って後ろから行ったりとか、自由自在でした。捕ってからのスピードが凄かったですね」

今でこそ親しい間柄となった金光と浜中だが、「当時はちょっと怖かったです」と話す。後輩から見れば、厳しくチームを統率する主将に見えていたようだ。

選手の特性を掴んで奮起を促す

さらに迫田監督の人心掌握術も完璧だった。金光の代は負けん気の強い選手が多く、あえて選手たちが発奮する言葉をかけ続けてきた。金光は新チーム結成後、最初に言われた言葉を今も覚えているという。

「新チームがスタートしたときに監督から『今年のチームは広商が始まって以来、史上最弱のチームだ』ということを最初に言われたんですよ。それは鮮明に覚えています。そのときに我々は『ナニクソ！』と思って、とにかく見返してやろうと心に決めてスタートしました。後々、迫田監督や畠山部長と話をする機会があったのですが、私たち12人は個性が強く、仲間意識が強い性質を見抜いていたそうです。『ナニクソ！』と思って発奮するチームだとわかって、あえてそういうことを言ったらしいですね」

高校野球では「史上最弱世代」と監督に揶揄されたチームが甲子園に出て、勝ち進むことが時々ある。2021年春の甲子園で準優勝した明豊（大分）も、川崎絢平監督が選手たちにそのようなことを新チーム結成当初に投げかけていたそうだ。「史上最弱世代」という言葉を、指導者が本当にそう思って使うパターンもあるだろうが、選手の奮起を促すために本心では自信があってもあえて発することもある。この年の広島商の場合は後者で、迫田監督の言葉が選手の気持ちを上手く刺激し、好結果に結びつけた。

また、金光の代は12人と少なかったことが、かえって強い団結力を生んだのではないかと浜中は指摘する。

「先輩たちは少なかったから、チームワークも良かったんでしょうね。我々はまとまってなかったですもん。人数が多すぎたのは理由にならないでしょうけど、僕らの代は気持ちが一つになれなかったですね」

浜中の代は例年よりも退部者が少なく、36人が最後まで続けていた。現在の広島商は一学年50人前後の部員がいるが、当時としては歴代最高の人数だったそうだ。野球の実力も確かなもので、夏制覇後の新チームが結成されてから翌春の甲子園出場まで、練習試合を含めて負けた記憶がないという。しかし、春のセンバツでは2回戦敗退。夏は県大会2回戦で呉港に0対1で敗れ、甲子園の出場権を逃している。そのため、その年の夏の甲子園は主将の浜中が一人で深紅の大優勝旗を返しに行かなければならなかった。

「やっぱり優勝旗返還に行ったときは寂しかったですね。一人ですからね。終わった瞬間はすごく情けなかったですね」

個々の能力では浜中世代が上回っていたが、公式戦で結果を残したのは金光世代だった。もちろん、それがすべてというわけではないが、高校野球においては個人の力以上に組織力や団結力がものをいうことは間違いなさそうだ。

甲子園出場が決まる前から江川対策を開始

さて、話を新チーム結成当初に戻したい。彼らの1年間を語るうえで外せないのが、江川の存在だ。「この時代は江川君を中心に回っていた」と金光が語るほど、その実力、注目度は際立っていた。迫田監督が江川の噂を聞いたのは新チームが始まって間もない

8月。プロ野球のスカウトから「迫田、関東にすごいピッチャーが出てきたぞ。これは、今プロに行っても15勝できる」と教えてもらったことがきっかけだった。

当時はインターネットがなく、現地かテレビでしか情報を得られない時代。スカウトの言葉を信用するしかなかった。この言葉を聞いたときに「うちの選手じゃ、打つどころかバントもできない」と迫田監督は悟った。だが、甲子園に出たら間違いなく江川のいる作新学院と対戦するため、何かしらの策を講じないといけない。そこでたどり着いたのが、走者二、三塁からスクイズをわざと空振りして、三塁走者が三本間で挟まれてアウトになる間に、そのすぐ後ろにいる二塁走者が本塁に突入するというものだった。

「江川投手には絶対にスクイズでも点を取れんだろうと。でも、空振りはできるじゃないかと。とにかく、何か一つでも勝てる要素をつくるようにしようということで、自分で考えてやったことなんですね」

この作戦を思いついてからは毎日1時間、走者二、三塁からわざとスクイズを失敗する練習を繰り返した。広島商も作新学院もまだ甲子園に出ることが決まったわけではないのに、このような練習を行うのは常軌を逸しているようにも思われる。「我々は監督の言うことは絶対だと思っていますから」(金光)という時代だからこそ、できたのだろう。手軽に対戦相手の情報が手に入り、選手から指導者に意見を言いやすくなった現代ではあり得ないやり方だ。だが、この練習を愚直にやり続けることが、チームに一体感をもたらしたと金光は語る。

「甲子園に行かないと日の目を見ないですけど、これも『広商始まって以来の最弱のチームだ』と、迫田監督があえて言ったことと同じなんです。甲子園は決まっていないけど、江川君という目標をしっかり持たせることで、このチームは変わるという読みだったようなんですね。だから、県大会、中国大会を勝つというよりも、甲子園に出て江川君のいる作新学院を倒すという目標に向かって一つ一つのことをやっていけたんですよね。普通なら県大会で勝って、中国大会で勝って、そこから甲子園だという段階じゃないですか。でもそうじゃないんですよね。そこを飛び越えて、甲子園で江川君に勝つための練習をするんだと。そこに目標を置くことで、監督さんは選手を発奮させるように練習をさせていましたよね」

指導者から「史上最弱のチームだ」と言われていたことに加え、江川という大きな目標がチームの結束力をより高めていた。それは迫田監督の狙い通りだった。

「何か、自分らで一つのきちっとした目標を持っていかないと、なかなかチームとして出来上がらないじゃないかいうようなことでした。こういう選手が出てきたから、その人に勝つように頑張らないけん、こういう形でやりましょうということでやったことが、チームの基本をつくったんじゃないですかね」

迫田監督の策略によって、チームは「打倒・江川」で一つになっていた。まだ甲子園にも出ていないのに江川を強く意識すると、その前の県大会や中国大会で足をすくわれる心配もあるが、それは杞憂だった。広島商は県大会、中国大会で優勝。無事に翌春の甲子園出場切符を確実なものにした。結果は次の通りである。

1972年秋季県大会

2回戦　広島商 7対3 尾道商
準決勝　広島商 6対4 崇徳
決勝　広島商 1対0 広島工

第39回中国地区大会

2回戦　広島商　5対2　山口水産
準決勝　広島商　6対1　境（鳥取）
決勝　広島商　4対3　松江商（島根）

「ピッチャーの佃もまともに投げてくれたし、あとの人も江川対策で、平凡なことを毎日1時間やったことが、この選手らには凄くいい教訓になったんじゃないかと思います」と秋の戦いを振り返る迫田監督。安定感のある佃がしっかりと試合をつくり、チーム全体としてもまとまりのある野球を見せていた。

しかし、最大のネックとなっていたポジションがあった。それが捕手だったのである。

一度、捕手をクビになった達川

このときは後に広島東洋カープの正捕手として長年活躍した達川が在籍していたが、

「達川がそんなにいいキャッチャーになっていなかったんです」と迫田監督が求めるレベルに達していなかった。秋は外野手として出場するも思うような結果を残せず、レギュラー落ちの危機を迎えていた。当時のベンチ入り人数は県大会や中国大会が16人、甲子園が14人。センバツに出れば、メンバーを2人削らなければいけないが、その第一候補が達川だったという。

実は達川は入学当初は捕手ではなかった。それどころか「小学生のときに野球をやり始めて、一番やりたくないのがキャッチャーだった」と話すほど、捕手に対する思い入れは薄かった。

そう思うようになったきっかけは小学5年生のとき。町内会のソフトボールチームで県大会に出場したときのことだった。6年生に交じって1人だけ5年生で出場した達川は捕手を任された。しかし、「昔のソフトボールはキャッチャーなんて、ただ捕るだけでよかった。外野からバックホームのときはピッチャーが捕りに来てタッチしていた」とまったくやりがいのあるポジションではなかった。それ以来、捕手に対するイメージが悪くなっていったのだという。

広島商に入学した直後も希望のポジションを聞かれた際には投手と答えていた。投手希望の1年生がブルペンで40～50球ほど投げる機会が与えられたが、「ピッチャーは諦めなさい」という判断を下された。入部当初は60～70人の同期がいたが、中学校ではエースで四番としてならした選手ばかり。達川自身も周囲との実力差をハッキリと受け止めていた。

「納得しましたよね。とてもじゃないけど勝てないよな、と。ピッチャーじゃないといけないというのは当時なかったです。9人のうちどこでもいいから、野球はどこのポジションでも必ず打順が回ってくるから、試合に出られるところでいいやと思っていました」

その後はしばらく内野手としてプレーすることになった。有望な選手がいれば、1年生でもチャンスを貰える機会があったが、「僕の場合はチャンスを貰う気配すらなかった」と振り返る。

「アピールできるところといったら、自分ではそう思ったことはないけれど、地肩だけは強かったみたい。入ったときは身長が168センチで体重が65キロくらいでしたからね。とてもプロ野球選手になるとは夢にも思わないですよ」

そんな達川に転機が訪れたのが、1年の秋。県大会を制して中国大会を控えていた時期だった。2年生が修学旅行で不在となったため、1年生だけで練習する日が数日あった。達川の代は選手11人、マネジャー1人の少人数だったため、各ポジションに1人か2人しかいない構成になっていた。達川は当時レフトを守っていたが、そのポジションにはもう1人の選手がいた。一方で捕手を務めていた大城登が体調不良で休んでいた。そこで迫田監督は達川を呼び出し、「お前、キャッチャーおらんから、キャッチャーせえ」と命じた。早速、3年生が使っていたお古のキャッチャーミットを使ってボール回しをすると、肩の調子も良く、鋭い送球を次々と披露していく。その姿を見た迫田監督は、「お前、いい肩しているな。明日からキャッチャーやれ」と達川を褒めたが、当の本人は「入学して半年も経って、いい肩しているなんて、どこを見とるんじゃと思った」と困惑していた。

かくしてさまざまな偶然が重なり、捕手・達川が誕生。先輩捕手が故障した影響もあり、中国大会のベンチ入りも勝ち取った。すると、柳井（山口）との1回戦前日に「明日、スタメンでいくぞ」と迫田監督からスタメンマスクを告げられた。それから先発予定の投手とサインの打ち合わせなどを行ったが、試合当日に迫田監督からこう言われてスタメンを外されてしまう。

「お前、今日はやめとけ。お前が満塁からキャッチャーフライ落として走者一掃になる夢を見た」

ある意味、監督の直感であり理不尽な理由に思えるが、達川自身もキャッチャーフライの捕球には不安を感じていたという。

「僕はキャッチャーフライがまったくダメだったんですよ。三半規管がおかしくてね。上を向くと、一塁側にボールがあるのに三塁側に走ったりね。どうしてもキャッチャーフライの距離感が合わなかったんですよ。目も悪くてね。まだ、コンタクトをしたばっかりかな。とにかく晴天の日はフライがダメでしたね」

結局、ベンチスタートとなった達川は最終回に代打で起用することを告げられたが、前の打者が三振に倒れ、3対5で敗戦。ネクストバッターズサークルで試合を終えることになった。

中国大会で敗れてからも達川は捕手の練習を続けていた。しかし、「おっちょこちょいで落ち着きがない」と迫田監督から指摘されており、なかなか思うように伸びていかなかった。

すると、新チーム結成時に「お前、もうキャッチャー辞めろ。外野行け」と指示され、再び外野手に戻ることになる。事実上のキャッチャークビ宣告だが、「まだキャッチャーを好きではなかったので」と達川自身はあまり深刻に捉えていなかった。

最上級生になってからは打力を生かして外野手として出場していた。だが、なかなか調子が上がらず、メンバー落ちの危機に立たされていた。その一方で、達川の代わりとなる正捕手も固定できておらず、迫田監督は選手起用に頭を悩ませていた。捕手は1年生が2人併用されていたが、両者とも肩が弱く、とても甲子園では通用しないと考えていた。

好投手を打ち崩して捕手に復帰 外野の経験が捕手に活きた

中国大会決勝を前に「キャッチャーを誰にするか試合が終わってから考えよう」と迫田監督は思っていた。そこで起死回生の活躍を見せたのが達川だった。決勝で対戦した松江商のエース・中林千年は後に法政大に進み、江川に次ぐ投手として活躍。社会人野球の日本新薬でもプレーした左の好投手だ。この中林を相手に達川は決勝打を放つなど、ことごとくバットの芯で捉えていた。達川の活躍もあり、広島商が4対3で勝利。見事に中国大会優勝を飾った。

中林の球を完璧に捉えていたのはチームで達川しかいなかった。その打撃を見た迫田監督は「甲子園に行ったら通用する選手かもしれないから、達川を育てよう」と捕手復帰を決断。再転向を命じられた達川は受け入れるしかないと腹をくっていた。

「はいと言うしかないですよね。こっちの意見はまずないという時代だったので。『心配するな。サインは全部ベンチから出してやるから、安心してやれ』と言われたのを覚えていますよ。甲子園で落としたら恥かくなと思って、キャッチャーフライの練習をしていましたよ。とにかく捕らないことには肩を活かせないと思って」

いざ、捕手に戻ってみると、迫田監督が驚くほどの成長を遂げていた。その背景には外野手での経験が活かされていたと達川は振り返る。

「弱点は足腰が弱かったのもあるのですが、外野で死ぬくらい走っていましたからね。練習でも走る距離が凄かったから、足腰が鍛えられて良かったのでしょうね。外野フライを捕ることで、キャッチャーフライも捕れるようになりましたよね。だから外野に行ったのは無駄じゃなかったです。あとは視野が広がったこともありますよね。外野から後輩のプレーを見ることで、客観的に物事を見られるようになりました」

紆余曲折はあったが、達川を捕手として育てるにあたって、一時的に外野手を経験させたのが、結果的には功を奏した。捕手・達川というピースがハマったことで、チームにとって最大の不安要素が取り除かれることになる。翌春のセンバツに向けては明るい材料となった。

ご存知の方も多いとは思うが、達川は卒業後、東洋大から広島に入団。インサイドワークを評価されて、入団6年目から正捕手に定着した。15年間の現役生活でベストナイン3回、ゴールデングラブ賞3回を受賞するなど、球界を代表する名捕手として活躍。一般の人には『プロ野球珍プレー好プレー』で体にボールが当たっていないのに死球をアピールする人や、ものまねタレントの松村邦洋にものまねをされている人といったイメージを持たれるかもしれないが、正真正銘の一流選手だった。引退後は現役時代の実績を買われ、解説者や広島の監督、NPB球団のバッテリーコーチやヘッドコーチを歴任。小学生時代は最もやりたくなかったというポジションで高校生以後の人生を光り輝かせている。「一番嫌いなことがこうやって職業となったのも何かの縁ですよね」と不思議そうに語る達川。高校1年生から2年生にかけての期間が、人生の転機になったのは言うまでもないだろう。

新チーム結成当初から目標としていた江川擁する作新学院は関東大会を制して、こちらもセンバツの出場権を獲得した。栃木県大会と関東大会を合わせた江川の投球成績は7試合に登板して、53投球回、無失点、被安打12、奪三振94、奪三振率15・96。新チーム結成以来、練習試合を含めると、23戦全勝、１４０イニング無失点という驚異の成績を残して、甲子園に乗り込んできた。大会前は江川が甲子園の主役となり、作新学院が優勝するというのが大方の予想だったが、それを覆したのが広島商だった。

第二章

怪物・江川卓を倒す

江川・衝撃の甲子園デビュー

1973年3月27日に阪神甲子園球場で開幕した第45回選抜高等学校野球大会。大会の目玉はもちろん、江川卓のいる作新学院だった。前評判では圧倒的な優勝候補だったと金光興二は話す。

「極端に言ったら、この大会は99パーセント作新学院と言われていたんですね。ほかのチームは1パーセントでしたよ。必ず優勝するだろうという下馬評でした。だから準決勝まで作新学院が勝ち上がってくることは間違いないと我々は見ていました」

開会式直後の第1試合に登場した。対戦相手の北陽（現関大北陽）も激戦区・大阪で指折りの名門校。エースの有田二三男はその年に近鉄からドラフト2位指名を受ける大会屈指の好投手だった。ドラフト1位候補の投げ合いに高校野球ファンは胸を躍らせていた。

広島商の選手たちもまだ見ぬ江川の投球を見ようと球場に残っていた。その中で江川は試合前から圧倒的なパフォーマンスを見せる。まず、肩慣らしのキャッチボールで球場をどよめかせたと浜中清次は振り返る。

「初めて見たときは凄かったですね。ファウルグラウンドでキャッチボールをするじゃないですか。それを1球見ただけで観客席がどよめきましたもんね。今のピッチャーでいませんよ。練習で1球投げただけで観客席が騒ぐなんて」

近年だと、投手の投げた球で観客がどよめくのはせいぜい150キロを超えたときくらいだろう。現代であれば、有名投手の映像はすぐに手に入るため、どんなに凄い投手でも生で見る前からある程度の先入観を持つことができる。しかし当時は、観客の大半が江川を見るのが初めてだった。その人たちを1球で唸らせるほど、江川の投げるボールは次元が違っていた。さらに遠投に入っても高校生離れしたパフォーマンスを見せたと迫田穆成監督は話す。

「ファーストのベンチの前から、軽く遠投するんですよ。そうしたら、センターに控えのキャッチャーがいて、そこまでノーバウンドでいくんですね。それで、キャッチャーが捕って、10メートルくらい走って、思い切り投げたのが、ファーストぐらいに来るんですよ。でも、ずっと前に出て江川君が捕る。そこからまた、後ろへ下がって、ベンチの前からセンターまでノーバウンドでいく。もう遠投力が全然違うんですよ」

試合に入ると、さらに驚きの投球を見せた。立ち上がりからエンジン全開の江川は、相手に先頭打者から一度もバットに当てることすらさせず、いきなり4者連続三振を奪う。スカウトから評判を聞いていた迫田監督も「想像以上です。そりゃ見たことないボールですね」と認めるほどの球を投げていた。五番の有田がようやくファウルで初めてバットに当てると、球場が歓声に包まれた。甲子園に出るような強豪校がファウルにしただけで喝采を浴びるのは、はっきり言って異常だ。それだけ、江川のボールを打つことは困難だと多くの人が悟っていたのである。

スタンドで見ていた広島商の選手たちも同じようなことを感じていた。「甲子園で見たのが初めてでしたが、これは絶対に打てないなという感じでしたね」と浜中は半ば諦めがついていたという。迫田監督によると、選手たちは呆気に取られて、3回まで言葉一つ発せなかったようだ。しかし、3回を終え、江川の球を現実的に受け入れられるようになってからは、「これはちょっと凄いぞ。だけど、これを倒すのは、わしらしかおらん！」と徐々に活気が生まれてきたという。金光も打倒・江川に向けて静かに闘志を燃やしていた。

「スタンドで見ていてビックリしましたね。聞いてはいたけど、これほど凄い球を投げるピッチャーなのかと。こんなもん打てるわけないと一瞬思いましたね。我々の想像以上のボールを投げるピッチャーを目の当たりにしました。だけど、ひるむのではなく、ますますこのピッチャーと対戦したいと思いましたね」

結局、この試合で江川は19三振を奪い、2対0で完封勝利。怪物の甲子園デビューは人々の想像を上回るものだった。広島商と作新学院は互いに勝ち進めば、準決勝で戦う組み合わせになっていた。何とかそこまで負けるわけにはいかない。チーム一丸となって春の戦いに挑んだ。

ロースコアの接戦を勝ち抜く

広島商の初戦の相手は静岡商。後に明治大からドラフト1位で中日に指名される2年生エースの高橋三千丈を擁する強敵だった。だが、この大会は佃正樹が絶好調だった。

「佃がそんなに乱れなかったから、春はそう点を取られる心配がなかった」と迫田監督。

相手は中央大から中日に入団した秋田秀幸ら手強い打者が揃っていたが、6安打無失点に抑え込む。打線も高橋に対して6安打と打ち崩すまでには至らなかったが、6四死球を勝ち取り、3対0で勝利を収めた。

2回戦では松江商と対戦。秋の中国大会決勝の再戦となった。この試合は佃と中林千年による激しい投手戦が繰り広げられる。6回まで両チーム無得点だったが、7回裏に広島商は、一死三塁から3ボール0ストライクという、だれも予想しないカウントから達川光男がスクイズを決め、これが決勝点となった。このリードを佃が守り切り、1対0で勝利。中国大会のリベンジはさせなかった。

江川との対戦まで残り1勝。準々決勝では東京の日大一とぶつかった。この試合でも5回裏に奪った1点を佃が守り切り、1対0で勝利。佃は3試合連続完封と江川に勝るとも劣らない大車輪ぶりを発揮した。

このときの心境を佃に聞いてみたかったが、残念ながら食道がんを患い、2007年

8月に52歳の若さで生涯を閉じている。江川という絶対的な存在がいる中で、負けじと結果を残し続けるのはどのようなものだったのだろうか。

　ここまでの結果を振り返ってみると、いずれもロースコアの接戦となっている。実は前半は一死三塁のような場面でもスクイズはさせず、あえて強攻策に出た場面もあったと迫田監督は明かす。

「5回に一死三塁で、『ここは点取りますか』と聞かれても『いや、普通に打っていけ。打っていって、点取らんでもええから』と言うんです。それで、7回に『ここは絶対、点取るぞ！』と言うてから、今度はスクイズとか、そういう作戦でもって、点を取りよったですね。それで8回、9回を守る。1回の表で取って、9回を守ろうとしたら、もの凄くしんどいけど、8回の裏に1点取るのが一番楽なんですね」

　松江商戦でも3回と5回に一死三塁のチャンスがあったが、勝負どころではないと捉えた迫田監督はスクイズをさせず、自由に打たせた。結果的に点は入らなかったが、それで良いと考えていたのだ。だが、勝負所と判断した7回裏には、「ここはもうスクイズで点を取るよ」と達川に命じ、見事に成功させた。

こうした作戦をとれるのも高い投手力や守備力があってこそ。その辺りは日頃の練習でみっちりと鍛えられていた。仮に打力がついたとしても、打撃は水もの。打てない試合になった場合でも、終盤にスクイズで1点を取れば良いと開き直ることができる。金光らの代はこうした高度な野球ができる世代だった。

歴史をつくれと奮い立たせる

準決勝に進出した広島商は念願だった作新学院と対戦することができた。ここまでの江川は圧倒的な投球を見せていた。1回戦の北陽戦で19三振を奪うと、2回戦の小倉南（福岡）戦では7回でマウンドを降りたが、10奪三振で許した安打はバントヒット1本のみ。準々決勝では今治西（愛媛）を相手に7回二死までパーフェクトピッチング。その後、安打を許したが、毎回の20奪三振で1安打完封と圧巻の投球だった。

ちなみに江川に完全に抑え込まれた北陽と今治西はこの年の夏の甲子園にも出場し、北陽が8強、今治西が4強の好成績を残している。全国上位クラスのチームですら、怪物の前ではなすすべがなかったのだ。準々決勝までの江川の成績は3試合25回を投げて被安打6、無失点、49奪三振、奪三振率17・64。この時点で作新学院の優勝は確実だとだれもが思っていた。世間の関心は勝敗よりも、江川がどれだけ三振を奪うかだった。

「三振ばっかりで、グラウンド全部が、江川君の三振を見に来とるんですよ。広商の応援団も、恐らくそれを見に来ていたと思いますね。勝つということは考えてなかったんじゃないですかね」

迫田監督は江川一色のムードを試合前から感じ取っていた。この試合に向けて意気込んでいたとはいえ、雰囲気に呑まれてしまっては元も子もない。迫田監督は選手を発奮させるべく、試合前にこう声をかけたという。

「我々が目標にしてきた作新学院の江川君と甲子園という大舞台で当たれるんだから、男冥利に尽きるじゃないか。この人を倒して、歴史をつくろう。この人を倒したら、歴史に残るぞ。将来も何かあったら、絶対にいろんなところで取り上げてもらうぐらい、この人を倒すということは凄いことだ」

実際にこの試合で勝利したことで、多くのメディアから取り上げられ、この本が出版されることになるのだから、正に有言実行と言えるだろう。

とにかく球数を投げさせる

江川を倒すための秘策は走者二、三塁からわざとスクイズを空振りする以外にもう一つあった。それはとにかく球数を投げさせるということだ。迫田監督は5回で100球を投げさせれば、自分たちの勝ちだと考えていた。

「とにかく5回までに100球を放らすことが目標でした。高めはストライクになっても振らない。とにかくアウトコース低めをカットしなさいと指示しました。ヒットなんか打たなくてもいいから、とにかく疲れるまで待とうというのが、一番の目的だったですね」

広島商は大会前から外角低めギリギリのボールをファウルにする練習を続けてきた。ファウルにして球数を稼ぐという作戦は理解できるが、なぜ、外角低めいっぱいに狙いを絞るのか。金光は解説する。

「私は60分の1球と言っていました。センバツが近くなって、江川君が剛速球だと聞いていたので、まともに打てないだろうということで、打てる球をとにかく絞っていました。ストライクゾーンがボール60球というのには理由があるんですけど、ボールの大きさが7インチでベース盤の幅が17インチ、ベース盤とバッターの胸から膝までの縦方向で立体的に考えたときにボール60個分がストライクゾーンだと想定して、最後は60分の1球のアウトコースの低めだけをファウルにすることを練習していましたね。なぜアウトコースの低めなのかと言ったら、江川の球は速いから高めのボールは絶対に打てないだろうなということで、要するにそこのボールを振らせないために目付けをする。それとファウルで球数を増やしていくという意図もあったんでしょうね」

江川のストレートはとてつもなく伸びるため、高めのストライクゾーンだと思ってスイングすると、とんでもないボール球になる。極力、ボール球を振らないようにするために迫田監督はこうした練習で意識を徹底させた。そして、狙いを定めた外角低めをファウルにするためにベースの近くに立つことを指示していた。

「高めは絶対捨てて、ベースいっぱいに立ちなさいと指示しました。江川君のボールをぶつけられたら、死ぬようなことになるから、そんなに近めには、よう放らんだろうと。そして、アウトコース低めを打つのではなく、カットしなさいと。打つとスイングは大きくなって、速球に間に合わんようになるだろうから、バントするような感じで、カットしなさいと。そうしたら、ファウルになるんです」

もはや迫田監督の頭に、ヒットを打って取るという発想はなかった。最悪、延長18回で引き分け再試合になっても良いとすら考えていた。

念願の初得点

1973年4月5日に行われた準決勝第1試合。3試合連続完封の広島商・佃と作新学院・江川がともに先発マウンドに上がった。1回表、佃は二死から三番・江川に内野安打を許すが、後続を打ち取り、先制点は与えない。

その裏、ついに怪物・江川が広島商打線と対峙する。1回裏の広島商の攻撃は、一番・金光がセカンドフライ、二番・川本幸生と三番・楠原基は三振に倒れ、いきなり怪物の

エース佃は作新学院戦で江川と投げ合い、
9回1失点完投で勝利

凄さを見せつけられた。この1年後、法政大で江川とチームメイトになる金光は間違いなく彼が世代最強投手であると確信した。

「私の中では江川君が別格のピッチャーだと今でも思っています。当時はスピードガンがなかったけど、160キロ近いボールがコンスタントに来ていたのではないかと思います。大学で4年間、彼と一緒にやりましたけど、本当に力を入れて投げたときのボールは実にえげつない感じでした。ホップしてくるような感じのボールですからね。彼の右に出るピッチャーはこの歳になっても見たことないし、もちろん対戦したこともないです。私の野球仲間は皆、そう言っていますね」

迫田監督も江川と他の投手との力量の違いを認めざるを得なかった。このままでは彼のペースにハマってしまう。だから、迫田監督は江川のリズムで投げさせないように指示していたが、なかなか上手くはいかなかった。

「いや、もう全然違っていましたよね。だから、試合の中で、最初のうちは、江川君のタイミングをずらすために私がバッターボックスに入っているやつに、『バッターボックス外しなさい』と言うんですよ。とにかく江川君がボールを投げているときは、球場の中がざわついている。それで、『さあ、投げるよ』とプレートにちょっと足をかけたら、場内がしーんとして、『江川が投げるぞ！　バッター空振りするぞ！　見とけよ！』となって、もうみんなが、江川君をぐわあっと見るんですよ。だから、江川君は投げるのがすごく楽なんです。それで、『外しなさい』というサインをつくったのですが、よう外さない人がおるんですね。それくらい、マウンドに上がったら、球場の中全部が、これも三振だなと思って見ていたと思いますね」

マウンド上の江川は相手打者だけでなく、球場全体を支配していた。2回裏には3連続四球を選ぶが、盗塁死もあり、得点には至らず。だが、その中でも球数を多く投げさせるというノルマは着実に実行されていた。

試合が動いたのは5回表。作新学院は先頭の六番・野中重美が死球で出塁すると、続く七番・鈴木秀男が犠打を決めて、一死二塁とする。八番・鈴木和英は三振に倒れるが、九番・荒田悟の中前適時打で1点を先制。佃は32イニング目にして、今大会初失点を許した。

与えたくなかった先制点を奪われ、「いや、これは参ったな」と迫田監督も苦戦を覚悟した。しかし、その裏にチャンスが訪れる。一死から七番・達川が四球で出塁すると、八番・町田昌照の三塁ゴロの間に二塁へ進む。一打同点の場面で打席に立ったのが、左投右打の九番・佃。1ストライクからの2球目に手を出すと、完全に打ち取られた当たりだったが、ライト前にポトリと落ちるヒットになり、達川が生還して、同点に追いついた。

これが、新チームが結成されて以来、江川が喫した初の失点だった。

タイに戻ったどころか、「向こうも焦りますし、うちは楽でしたよね」（迫田監督）と広島商が精神的に優位に立つことができていた。5回を終えた時点で、迫田監督はベンチで選手たちに向けて、次のように呟いていた。

「江川君の球数は104球。このゲームはお前たちの勝ちだ」

5回までに100球を投げさせるという試合前に掲げた目標をクリアしたことで、後半は自分たちが優位に進められると迫田監督は確信していた。この言葉を聞いた金光は俄然、勇気づけられた。「そら勇気出ますよね。まだゲームの途中で、お前たちの勝ちだと言われたら。それは100球以上投げさせているということを一つの理由にしているんです。要するに広商としては上手く試合を運んでいる。1対1の同点だけど、後半に崩せる自信が迫田監督にはあったんだと思うんですね。そうじゃないと、ただ選手を勇気づけるためにそういうことは言えないですよね。確かに選手は発奮することもあるんでしょうけど、それだけの自信というか裏付けがあって、お前たちの勝ちだと言われたと思うんですね」

迫田監督は、「5回で何とか100球以上投げさせることができたから、今度は自分たちの野球をやろう」と考えていた。後半は足を使って江川を揺さぶるというのが、当初の作戦。静かにその機会を探っていた。

監督と主将の阿吽の呼吸
ミスを誘って勝ち越し点を奪う

試合は1対1で後半戦に突入。佃と江川による激しい投手戦が続き、互いに得点は入らないまま8回表まで試合が進んだ。8回裏の広島商は先頭の一番・金光が四球で出塁。

二番・川本はファーストフライに倒れるが、三番・楠原がショートへ内野安打を放ち、一死一、二塁とチャンスを広げた。一打勝ち越しの場面を迎えたが、流石の江川。四番の大城登を三振に打ち取り、そう簡単に得点を許さない。

二死一、二塁となり、打席に立つのは五番の大利裕二。ここで二塁走者の金光が動きを見せる。「足で勝負するのはここしかない」と感じていた金光は迫田監督に走りたいと目で訴える。迫田監督も同様に仕掛けるならここだと感じていた。正に阿吽の呼吸といったところである。

「セカンドから、パッとうなずきながら、ええですかと合図を送ってくるから、『OK、行け行け』とサインを出しました。別に盗塁成功しなさいとかじゃないんです。相手にちょっとでも、動揺させるようなことがあったら、それでええんだからって。それでサード行ったって、バッターが打てるわけじゃないですからね」

仕掛けることで、相手が動揺してミスをしてくれたら儲けもの。仮にアウトになっても守り切ればいい。そう判断したうえで、迫田監督は、ダブルスチールのサインを出した。すると、1ボール1ストライクから迎えた3球目、2人の走者はスタートを切り、捕手の小倉偉民は三塁に送球した。江川は小倉に対して、「投げるな！」と指示したが、大歓声にかき消されたのか、声は届かなかった。小倉の送球は三塁手の頭上を越える悪送球となり、金光が一気に生還。足を使った攻撃が相手のミスを誘い、貴重な勝ち越し点を奪った。

江川からしてみれば、盗塁されようが、まったく問題ない。次の打者を三振に取れば良いからだ。だからこそ、小倉に対して投げないように指示したのだろう。投げてミスが出るくらいなら、盗塁されたほうがマシという考えは、江川と相手打者の力量差を考えたら、理にかなっている。

だが、「キャッチャーはキャッチャーで高校生ですから、殺したいというのがあるんですよね」と迫田監督。走者が走ったら刺したいと思うのが、捕手の本能だ。迫田監督はそこまで相手の心理を見抜いていたのだ。

新チーム結成直後から練習してきた、二、三塁でスクイズをわざと失敗して、三本間に挟まれる間に三塁走者の真後ろにいる二塁走者がホームインするという作戦は結局、日の目を見ることがなかったが、意表を突いた足技で、相手の隙を突くという視点で見れば、大成功だったと言えるだろう。

このプレーでついに広島商が初めてリードを奪った。秋以降一度も点を取られていなかった江川にとっては、新チームになって初めてビハインドを背負う展開となった。広島商は、残すは9回表を守り切るだけだったが、簡単に終わらせてはくれなかった。

守備難の2年生がスーパープレー
甲子園を揺るがす大金星

9回表の作新学院は五番・橋本篤からだった。まず、橋本をカーブで打たせて、セカンドゴロ。続く野中もショートフライに打ち取り、ツーアウト。このまま難なく終わるかと思われたが、七番・鈴木秀に四球で出塁を許すと、その後、三塁への進塁を許してしまう。作新学院は代打に鈴木賢一を送り込み、同点への望みを託す。すると、鈴木賢の放った打球は三塁線への強烈なゴロとなった。広島商の三塁を守るのは2年生の浜中。実は元々、守備が苦手な選手だった。

浜中の出身地は山口県岩国市。母・清子さんの実家が広島商の近くだったこともあり、親類から進められて、広島商への進学を決める。当然、自宅からは通えないので、同級生の家で下宿生活を送っていた。

浜中は同級生の中でも秀でた存在で、入学早々から投手として試合の出場機会を与えられていた。しかし、6月の九州遠征で打ち込まれて、夏のベンチ入りは逃している。ただ、元々は投手より打者としての評価が高かったため、野手転向は既定路線。新チームになったタイミングで正式に三塁手へコンバートされた。しかし、内野手としてのキャリアが浅かったこともあり、「内野手で私が一番下手だった」と守備には自信を持てずにいた。それを改善すべく、真冬には雪がちらつく中で、裸足、素手でノックを受ける猛特訓を重ねた。

「地獄でしたよ。今はできないでしょうね」と浜中は苦笑する。現代でこのような指導をすれば、新聞や週刊誌にタレコミがきて、指導者は吊るし上げにあうだろう。昭和の時代だからこそできた練習法だ。だが、そうした中で浜中の守備力は確実に向上していた。成果を見せつけたのが、この試合最後のプレーだった。

三塁線に抜けそうな打球を決死のダイビングで追いついたが、惜しくもグラブを弾いてしまった。さらに打球を拾いにいこうとした際に足を滑らせてしまう。実は前日は雨天中止となっており、いつも以上にグラウンドがぬかるんでいた影響があったのかもしれない。一瞬、頭が真っ白になりかけたが、ボールを拾い直すと、「一か八かだった」と一塁に大遠投。矢のような送球が一塁手・町田のミットに突き刺さる。

「あとから見たときにどっちとも言えるタイミングだった」と、アウトかセーフかはかなり微妙なタイミング。作新学院ベンチは懸命にセーフとアピールしたが、判定はアウトとなり、試合終了。2対1で辛くも逃げ切った広島商がついに打倒・江川を果たしたのだった。

ゲームセットの瞬間、甲子園球場の大観衆は静まり返っていたと金光は振り返る。

「それは作新学院が負けた、江川君が負けたというのが大きかったと思うんですよね。観衆もちょっと信じられないというような反応でした。ちょっと間を空けて大歓声が沸きましたね。我々もゲームセットの瞬間、勝った喜びよりもやり遂げたという感じになった覚えがありますね」

球場にいるだれもが江川の奪三振ショーによって作新学院が優勝するとしか考えていなかった。だから、敗れたという現実をすぐに受け入れることができなかったのだ。それだけ広島商が勝利したことのインパクトは大きかった。

地元での熱狂ぶりも凄まじかった。

江川に勝利したことで、広島県民は狂喜乱舞。翌日の決勝で負けたにも関わらず、チームはパレードの実施を依頼されたのだ。優勝ならともかく、準優勝、しかもセンバツでパレードをするのは異例のことである。勝っても喜ばないことが信条の迫田監督にとっては、あまり気持ちのいい話ではない。日頃からお世話になっている人からのお願いとはいえ、なんともバツの悪いものだった。

「広商の場合は、いわゆる同窓会が、いろいろやってくださるんですが、『迫、帰ったら、パレードする言うんじゃい』って言われたんです。『いや、ちょっとやめてください、決勝戦で負けて、準優勝でパレードなんかできんですよ』って言うんじゃけど、広島県民が、江川に勝ったということだけで、もう凄い盛り上がっとるんで、どうしてもやるということなんです。それで結局、野球部のOBと同窓会が朝5時ぐらいまで話したそうなのですが、朝起きたら、『迫、一応、パレードするようになったから』と言ってきたんです。かっこ悪いですよね。だから、『偉そうに手を振ったり、そんな態度取っちゃいけんよ。負けましたって、謝りなさい』というようなパレードだったですね」

負けた悔しさを持ちながらパレードをすることの気まずさは察するに余りある。だが、地元の人たちはそれで満足だったようだ。

周囲が騒がしい中で、一人安堵していたのが、最後の打球を捌いた浜中だった。

「あれは一生忘れませんね。ホッとしましたよ。セーフだったら、同点で下手したら負けていたかもしれないですからね」

江川から得点する難易度を考えても、最後のプレーでアウトになるかセーフになるかの差は大きかった。2年生レギュラーが自分のミスで先輩の勝ちを消してしまっていたら、相当な心理的負担を感じていたかもしれない。結果的にアウトになったことで、浜中は救われたのだった。

対江川の裏側

江川との対戦を振り返ってみると、放った安打は2本のみ。それが5回の佃のタイムリーと、8回に決勝点のダブルスチールに繋がる楠原の内野安打だった。いずれも会心の当たりではなかったが、泥臭く食らいついた結果が安打になり、得点に絡む一打となった。

2安打の有効性を高めた要因が球数と四球数だろう。5回までに100球を投げさせるという目標を立てた結果、5回を終えた時点で104球を投げさせることに成功した。これは外角低めいっぱいのストレートをファウルにするという作戦の賜物だ。際どい球をファウルで粘ると、当然、四球も増える。その結果、8四球を奪うことができた。四死球は得点に絡みやすいとはよく言ったものだが、広島商が得点した5回と8回もそれぞれ四球で出塁を勝ち取っていた。江川としてはさぞかしフラストレーションが溜まる投球になっただろう。江川に気持ちよく投げさせないような作戦と、それを実行した選手たちが見事だったというほかない。

また、江川を崩すことができた背景には広島商の作戦だけではなく、江川自身もコンディションの不安を抱えていたということがある。

それは雨天中止になった、対決前日のこと。連日のように報道陣からの取材攻めに遭っていた江川は、彼らを避けるために空き時間を利用して、ソファで30分ほど仮眠をとっていた。しかし、その際になんと首を寝違えてしまったのだ。広島商との試合は万全の状態で臨めず、それが8四球にも繋がった。

「寝違えてくれたから勝った。あれはおかしいと思ったもんね」と達川は江川に何かしらのアクシデントがあることを見抜いていた。だが、その真相を江川本人から教えてもらったのは50歳を過ぎてからだったという。もし、万全の状態で広島商に対峙していれば、どのような結果になっていただろうか。勝負の世界でタラレバは禁物だが、そうしたことはついつい考えたくなってしまう。

結局、走者二、三塁からスクイズをわざと空振りするという作戦は披露されなかった。

しかし、一見するとあり得ないような作戦を、甲子園出場も決まっていない時期から、江川を倒すために毎日練習することで、明確な目標を持てるようになり、チームの結束力も高まっていった。「江川君という存在は我々にとって凄く大きな目標にはなりましたよね」と語る金光。もし、スカウトから迫田監督に江川の情報がもたらされていなかったら、どうなっていただろうか。指揮官から「史上最弱」と酷評された彼らは甲子園にも行けていなかったかもしれない。江川はある意味、広島商躍進の救世主だったと言えるだろう。

江川によって引き上げられたのは広島商だけではない。「江川のおかげで僕らの年代のレベルは高かった」と達川が話すように彼らの世代は優秀な選手が多かった。投手では遠藤一彦（元大洋）に大野豊（元広島）、野手では掛布雅之（元阪神）、平野謙（元中日など）、中尾孝義（元中日など）、山倉和博（元巨人）などプロ野球の世界で活躍した選手の代表格だ。広島商が打倒江川で猛特訓を重ねたのと同様に他の学校、選手も各々で研鑽を積んだことが、成長に繋がったのではないかと達川は考えている。

広島商も秋の大会を終えてから、マスコットバットでの５００スイングや塁間１００本ダッシュなどを行い、個々の能力を高めてきた。野球界の黄金世代では松坂大輔（西武）を筆頭とした「松坂世代」が有名だが、「江川世代」もその頂点に立つ男を目標に、全国の猛者が挑んだ世代だった。

夏の甲子園では実現しなかった対江川

センバツで好勝負を繰り広げた広島商と作新学院だが、夏の甲子園で再び対戦することはなかった。

作新学院が2回戦で銚子商（千葉）に延長12回の末、押し出し四球で0対1のサヨナラ負けを喫したからである。春に直接対決で勝利したことで、江川に対する特別な思いは薄れていたが、「夏の大会は、ちょっと江川君疲れとったですね」と迫田監督は分析する。

高校野球史上最強の剛腕として呼び声高かった江川擁する作新学院には、全国各地から招待試合の依頼が相次いだ。作新学院の山本理監督としても江川を潰すわけにはいかないため、すべての試合で投げさせることは回避しようとしていた。しかし、江川が投げないという情報が出回ると、「なんで江川を投げさせないんだ」という抗議が殺到したという。現地の高校野球ファンは江川の投球を見るために球場に足を運んでいる。江川が登板しないということは、観戦する目的を奪われることに等しかった。

こんなエピソードもある。

この年の国体では1回戦で広島商と作新学院が対戦した。この試合で作新学院は江川ではなく、2番手の大橋康延を先発させるつもりでいた。江川の陰に隠れてはいたが、彼も同年のドラフト会議で大洋（現ＤｅＮＡ）に2位指名された実力者だ。ところが、その噂が流れると、本部に対して抗議の投書や電話が殺到。中には「火をつけるぞ！」といった脅迫めいたものもあったという。

結局、江川が先発して1対0で作新学院が勝利。センバツのリベンジを果たす形となった。実はこの試合、迫田監督は「1対0で負けて帰るよ」と選手たちに伝えていたという。だが、甲子園優勝投手で負けるのは良くないと考えた迫田監督は佃を先発させず、津村信彦を先発マウンドに送っている。すると3回表に1点の先制を許し、4回から佃が登板。そのまま予定通りに0対1で敗れた。

江川は高校3年のドラフト会議で阪急から1位指名されるも進学志望だったため、入団拒否。第一志望だった慶応大には合格できず、法政大の二部に入学し、後に一部に転籍した。法政大では東京六大学リーグで歴代2位の通算47勝を挙げ、通算17完封の連盟記録は未だに破られていない。

その後、「空白の一日事件」によるドラフト会議での大騒動があったものの1979年に憧れだった巨人への入団を果たす。入団後も9年間で135勝を挙げる活躍を見せたが、肩の故障もあり、32歳の若さで引退した。

この故障の原因が高校時代に招待試合で投げすぎたこととされている。3年生になってからは毎週のように招待試合で登板して、激しく肩を消耗していた。さらに試合が続いたことで、基礎体力をみっちり鍛える期間も不足していた。高校3年の夏にはすでにピークを越えていたのではないかともいわれている。

夏の栃木県大会では登板した5試合のうち、3試合でノーヒットノーランを達成。無失点、被安打2、70奪三振、防御率0・00、奪三振率14・00というこれまた驚異の成績で夏の甲子園に乗り込んできたが、「もう夏は本当に疲れて、へとへとになっていました。

何とかこれだったら、勝てるんじゃないかないう感じはありました」と迫田監督は春ほどの状態ではないと悟っていた。1回戦の柳川商（福岡）戦は延長15回の末に23三振を奪って、2対1でサヨナラ勝ちを収めたが、次戦で力尽きた。

現代では投手酷使に対する風当たりが強くなり、2018年夏に金足農の吉田輝星が甲子園決勝まで一人で投げ続けたことや、大船渡の佐々木朗希が夏の岩手大会決勝で登板しなかったことについて、賛否両論が巻き起こった。

今のような社会情勢なら、江川も当時ほどは酷使されずに、プロでもとてつもない成績を残していただろう。ただ、当時は一人のエースによる連投完投当たり前の時代。広島商も佃がセンバツの5試合を一人で投げ抜き、夏の甲子園も3試合で他の投手の救援を仰ぐことはあったが、全6試合に先発登板して、3完投している。暑さや打者のレベル、バットの違いなど一概に比較できない要素はあるが、当時のエースたちは身を粉にして投げ続けていた。

だが、その悲壮感が甲子園のアイドルを生んでいたのではないかとも達川は話す。

「太田幸司さん、島本講平さん（箕島→南海→近鉄）、佃、荒木大輔（早稲田実→ヤクルト→横浜)、バンビ坂本(佳一・東邦→法政大→日本鋼管)。毎年のようにだれか一人の男前がアイドルになったよね。最近ではハンカチ王子(斎藤佑樹・早稲田実→早稲田大→日本ハム)くらいしかいない。ピッチャーが継投になったせいだよね。昔は泣きそうな顔をして投げているのが、悲劇のヒーローという感じで、だんだんアイドルになっていった。一人で可哀そうなくらい投げるような感じがあったんじゃないかな。今思えば、甲子園優勝投手の多くがプロで活躍しないところを見ると、投げすぎは良くないというところはあるよね。太田さんもあれだけ騒がれて入って、58勝にとどまったし」

投手の分業制が進んだことで、一人の投手が決勝まで投げ続けることは稀になった。投手の酷使は回避できるようになった一方で、悲劇のヒーローとして取り上げられる投手が減少傾向にあるのも事実だ。時代が変われば、高校野球も変わる。江川は時代のヒーローであり、時代に翻弄された存在でもあった。

73年春、怪物・江川を倒した広島商は、翌日の決勝に進出。相手は初出場の横浜だった。作新学院に勝利した勢いで広島商が優勝すると期待されていたが、らしさを欠く試合運びとなった。

第三章

センバツ決勝で敗れて

抜け殻になっていた決勝戦

1973年4月6日。第45回選抜高等学校野球大会の決勝戦が行われた。対戦相手の横浜は今でこそ甲子園常連校として名が知られているが、センバツはこの年が初出場。夏もこの時点では一度しか出場経験がなく、どちらかといえば、新興勢力という扱いだった。のちに歴代5位タイとなる甲子園通算51勝を挙げ、5度の全国制覇を成し遂げて勇退する渡辺元智監督は、当時28歳。この大会が甲子園初采配だった。

「決勝ですし、相手が横浜ですから、当然、油断はしていないし、甘く見ていることはないですよね」と金光興二が話すように選手たちの目標はあくまで全国制覇。本人たちの中では気の緩みがないつもりでいたが、この大会での最大の目標は優勝以上に江川卓を倒すことだった。前日にそれを達成したことで、「もう抜け殻ですね」（迫田穆成監督）と準決勝ほど気力が充実していない状態で試合に臨んでしまっていた。

その精神状態は試合展開にも表れる。序盤から0対0の攻防が続くのは広島商のペースかと思われたが、問題はその内容にあった。広島商は準決勝までの4試合で、14安打しか放っておらず、その中で7得点と非常に効率の良い攻めを見せていた。しかし、この試合では、9安打を放つも1得点で8残塁。相手投手の永川英植も2年生ながら好投手として知られており、翌年にドラフト1位でヤクルトに指名される実力者とはいえ、らしくない攻めが続いていたのも事実だ。そこには心理的な影響があったのではないかと金光は分析する。

「ヒットはなくてもソツなく点を取って勝っていたチームが、それくらいのヒットを打ちながら1点しか取れていないのは、広商の試合運びができなかったという一つの表れなんですね。知らず知らずのうちに準決勝での戦いが、一つの大きなヤマを越えたということが、選手はそんなふうには思っていなかったんだけど、やっぱり決勝戦にも多少影響したことは否めないかな」

それは迫田監督の采配にも出ていた。7回裏には無死二塁のチャンスをつくったが、「全然仕掛けようという気にならなかった」と特に策を講じることもなく、無得点に終わる。広島商ペースのようで広島商ペースではない。試合はスコアレスのまま最終回までもつれ込んだ。

流れは横浜に来ていた。9回表に二死一、二塁のピンチを招くと、六番・沢木佳実にセンター前へのヒットを打たれてしまう。二塁走者は本塁に突入し、完全にセーフのタイミングだった。ところが、捕手の達川光男が名人芸とも言える見事なブロックを見せて、本塁タッチアウト。今ならコリジョンルール（本塁での衝突を防止するための規則）に引っかかるようなプレーだろう。ともかく必死の守りで何とかこの回も無失点で切り抜けることができた。

しかし、延長10回表にほころびが出る。一死一塁から三塁側への送りバントを三塁手の浜中清次が一塁に悪送球。一死二、三塁とピンチを広げてしまった。さらに続く打者への初球、スクイズのサインを読んだ広島商バッテリーはウエストすることに成功するが、これがワイルドピッチとなり、先制点を許してしまう。「ワイルドピッチになったけど、僕からしたらパスボールだよね。どこくるかわからないような構えをしていれば、捕れただろうけど」と達川にとっては悔やまれるプレーだった。

窮地に追い込まれた広島商だが、「このままでは負けるから、ちょっと頑張らないけん」

と迫田監督にもついに火がついた。10回裏、広島商の攻撃は一死から一番・金光がセンター前への安打で出塁。さらに盗塁を決めて、二塁に進んだ。続く二番・川本幸生はセカンドゴロで二死三塁。チーム一の好打者である三番・楠原基にすべてを託す形となった。2ボール1ストライクからの4球目、左打者の楠原が放った打球はレフト線へ流れていくフライとなる。横浜の左翼手・冨田毅はフェアゾーンでギリギリ打球に追いついたが、捕球することはできなかった（記録は安打）。この当たりで金光が生還し、土壇場で広島商が同点に追いついた。

だが、流れは最後まで引き寄せることはできなかった。11回表に横浜は一死から三番の高橋三昌が三塁側にセーフティバントを試みる。達川が右手で処理しようとするが、ボールを掴むことができない（記録は内野安打）。続く四番・長崎誠はピッチャーゴロに打ち取り、併殺も十分に取れる当たりだった。しかし、佃正樹が握り替えるときにボールを落として、二塁でしかアウトを取れない。結果的にこれが致命的なプレーとなった。

続く打者は五番の冨田。10回裏に楠原の打球を捕り損ねて同点に追いつかれる原因をつくってしまった選手だ。2ボール2ストライクから内角高めのカーブを振り抜くと、打球はレフトポール際への本塁打となり、横浜が2点の勝ち越しに成功。1回戦から一人で投げ抜き、決勝戦の延長10回までの46イニングをわずか2失点に抑えてきた佃だったが、最後の最後で力尽きた。

1点ならともかく、今大会でのチーム打率が1割台だった広島商に2点差を跳ね返す力は残っていなかった。11回裏、広島商の攻撃は四番・大城登がピッチャーフライ、五番・田所康弘がショートゴロ、六番・浜中がファーストゴロに倒れ、試合終了。横浜が初出場初優勝を飾った。準決勝で優勝候補大本命の作新学院を破り、前評判を大きく上回る大健闘を見せた広島商だったが、42年ぶりのセンバツ優勝とはならなかった。最後の打者となった浜中は不思議な感覚に襲われたという。

「気力が充実しないまま進んでいって、あれ〜っていう感じで負けた感じはありますね。ホームランで決まったので、ガンガン攻められたわけじゃないんですよ。当時の野球からしたら、あっさりした負け方というのもおかしいけど、塁に出られてエラーしてどうのこうのじゃないじゃないですか。ガーッとホームラン打たれて負けてというのはあまりなかったんです。横浜は体も大きかったですからね。僕は2年生だから余計に大きく見えました。特に長崎さん、冨田さん、永川はメチャクチャデカかったですね」

現代の甲子園では2017年夏の68本に代表されるように1大会で数十本の本塁打が出ることは珍しくない。だが、木製バットで行われていた当時は本塁打が出ることは少なく、この年の大会での通算8本塁打は当時の大会新記録だった。そのうち3本が横浜だったことを考えても、彼らのパワーは特筆すべきものがあったと言えるだろう。

チームを変える決断

「もうとにかく、なんでなんですかね。反省らしい反省はないですよね。選手にはよくやったとしか言うことはないですよね。あれで負けたけども、しょうがないと。もう一遍、夏目指して頑張ろうという形で終わりましたね」

決勝での敗戦をこう受け止めていた迫田監督。勝利への執念を激しく燃やす迫田監督らしくない発言にも思われるが、これが本音だったのだろう。この大会での最大の目標が江川を倒すことだった。それを実現したことで、監督にも選手にも達成感が生まれ、そこから生まれたほんの少しの心の隙がプレーや結果に表れたのかもしれない。作新学院との対決が決勝に組まれていたら、恐らく広島商が優勝していただろう。金光も無念さを滲ませていた。

「決勝戦で江川君と当たっていたら、それで終わりなので、江川君に勝ったことと優勝が同時ということで、二重の喜びがあったんですけどね…」

だが、この敗戦が夏に向けてのエネルギーとなったことは言うまでもない。「それまで悔しいとはあまり思ったことはないけれど、そのときは初めて悔しいと思ったよね」と達川が話すほど、選手たちにとっては苦い思い出となった。「夏を考えたら、負けて良かったかもしれないですね」と浜中。広島商が夏に全国制覇を成し遂げた一方で、横浜は神奈川大会準々決勝で敗退。春夏連続の甲子園出場を逃している。「なんで出てないんだろうと思いましたよ」と浜中は横浜の敗退を疑問に思っていたそうだ。それは渡辺監督も同じだった。自分たちと広島商の違いが何なのかを探るため、秋に広島商を訪問している。そのときの会話の内容について、迫田監督はこう明かしてくれた。

「『うちは優勝したのに、夏は甲子園に出られなかった。おたくは準優勝だったのに夏も甲子園に出て優勝された。どういう違いがありますか』ということで、勉強がてら4、5日来られたんですね。そこで私の考え方を伝えました。極端に言えば、横浜高校は『打て打て』のチームですから、それをずっとやられたと思うんですよね。そうしたら、全国のチームが、だれを抑えたら点が入らないようになるとか、どういう攻め方をしたらいいかというようなことをやられたと思うんです。私のとこは反対に招待試合で、『1点差で勝つ野球を見せてください』と言われるんですよね。でも、『申し訳ないが、今はチームを変えているんです。だから、ああいう1点で勝つ野球じゃないことをしとりますから』と言っていました。それで、凄く負けが多かったような気がしますね」

一度、頂点を見れば、目標にされる立場となり、当然のように警戒もされる。ライバルたちは血眼になって研究してくるのはいつの時代も変わりはない。同じ野球を続けていれば、いつかは研究しつくされて、負けてしまうということを迫田監督は伝えたのだった。

広島商もセンバツで準優勝したことにより、県内のライバルから目標とされる立場となった。だが、このままでは夏の大会を勝ち抜けないと考えていた迫田監督はチームのスタイルを変えることを決断する。それは小技で掴んだ1点を守り切る野球から打てるチームへの変換だった。

「7回以降に1点を取って勝とうという野球をずっとやってきたけど、全国で一応、準優勝になったから、これまでと同じような野球をして、対策をとられたら勝てないと思ったんです。それでチームを変えないかんいうことで、今度は打てるチームにしようということになりました。選手をどういうふうに変えたら、そういう強いチームになるのかということを、甲子園から帰ってやりだしたんです」

センバツでのチーム打率は・169。5試合で8得点と1試合あたりの平均得点は2を下回っていた。佃の頑張りがあったとはいえ、とても決勝まで勝ち進んだとは思えない打撃成績だ。ここから打てるチームをつくるということは180度違うチームをつくることに等しい。そこに向けては試行錯誤の連続だった。

適当に負けることを覚える

センバツ後の練習試合ではメンバーや戦術を変えて臨んだが、なかなか上手くいかない。打力のある選手を起用し、走者を三塁に置いても強攻策に打って出るなど、以前とはまったく違う戦いを試みたが、すぐに結果が出るほど甘くはなかった。練習試合を10試合行ったが、４勝６敗と負け越してしまう。熱心なＯＢからは「監督、選手がなめるんじゃないか。準優勝したチームが４勝６敗いうのはおかしいじゃないか」と指摘されることもあった。だが、迫田監督は自分の信念を貫いた。勝敗について指摘されたときも「いや、勝とう思ったら、勝てるんですが、今はいろいろ、選手に反省させているんです」と事情を説明していた。

勝負事では勝つことが重要だが、どうしたら勝てるのかを知っておくことも必要である。逆に自分たちの負けパターンも知っておかなくてはならない。そうしたことをわからせるためには負ける経験も必要なのだと迫田監督は話す。

「どういう形になったら負ける。だから、こういう勝ち方をしないといけないということを意識づけさせました。結局、8回までものすごく内容の悪いゲームしとっても、9回で逆転したら、選手は勝ったことで、その失敗したことをあんまり気にしないんですね。それは駄目なんですということで、選手を代えながら、ずっとやっていましたね」

公式戦は勝てばそれで良しとされるが、練習試合もそのスタンスでは駄目だというのが、迫田監督の考え方だ。そう考えるようになるきっかけが2年前にあった。1971年の広島商は前年秋から県内で負けなしの存在だった。秋は中国大会初戦で敗れてセンバツ出場を逃していたが、春の中国大会を制して、夏の甲子園出場は間違いなしと見られていた。しかし、夏の広島大会準決勝で広陵相手に2対4で敗戦。県内での連勝記録が34で途切れ、甲子園に出場することもできなかった。

そのときはなぜ勝てなかったのかわからなかった。そんなときに出会ったのが、合気道の師範である住田芳寿だった。住田は1972年ミュンヘン五輪で金メダルを獲得した男子バレーボール日本代表にトレーナーとして帯同していた人物でもある。ミュンヘン五輪後に広島商野球部と関わりを持つようになり、迫田監督はメンタル面や体の使い方などを学ぶようになった。その中で勝つことだけを考えていたことが間違いだったということに気づいたのである。

「試合に出ている選手と出てない選手が固定化されるもんで、『わしらが甲子園行っても、わしら出られんよな』というような感覚になったりしたんですね。34連勝したことで、『いつか、わしら負けるんじゃないか』というような考え方にもなるんです。結局、勝つことばっかりやったことが、ものすごくマイナスになっていたのがわかって、それからは、適当に負けることを覚えてというような野球に変わっていったんですよね。そういう意味でものすごく、その人の影響力が大きかったです」

勝つことだけを考えれば、実力のある選手を優先的に使えばいい。だが、そのようなことばかりをしていると、試合に出られない選手のモチベーションが下がり、チーム内に溝が生まれてしまう。さらに勝ち続けることで、負けることへの不安感も強くなっていたのだ。そういった意味でも練習試合から適度に負けることで、さまざまなことを学ぼうとしていたのである。

現代では他競技の専門家を定期的に招いて、野球に結びつけるトレーニングをする高校も増えてきたが、猛練習と根性論が蔓延していた1970年代ではかなり画期的なことだった。それには畠山圭司部長やOB会の理解も大きかったという。

「広商の中でも、私はちょっと異色の監督なんです。他競技の方を入れることをそのときの部長、OB会が認めてくれたことは、もの凄く大きいですね。伝統校だったら、今でもそういう、野球をやったことのない人を引き入れようとしたら、駄目だというようなことになるんじゃないですかね」

古くからの伝統を守りつつ新しいことも積極的に取り入れていくのが迫田スタイル。その飽くなき向上心がチームを強くしたと言っても過言ではないだろう。

練習試合であえて制約をかける

センバツ後の練習試合ではさまざまな制約をかけていた。こんな例がある。それは広島市民球場に大阪のチームを招いて行われた招待試合での出来事。迫田監督はバッテリーに対して次のような指示を出していた。

「トップバッターをとにかく四球で出しなさい。それも人から目に見えてわかる四球ではなく、攻めていった形で、2ストライク3ボールからの、しかも際どいコースへの四球を出しなさい。ノーアウト一塁の場面をあえてつくりなさい」

さらにそのあとには、2人続けて四球を出し、一、二塁の場面をあえてつくる指示も出していた。

野球をよく知っている人ほど、意味を理解できない指示ではないだろうか。野球のセオリーでは先頭打者への四球は禁物。守りのリズムが悪くなり、失点につながるリスクが高いといわれているからだ。裏を返せば、そのような場面をあえてつくることで、苦しい場面を0に抑える練習になる。迫田監督は夏を見据え、一風変わった指示をバッテリーに出していたのだ。

だが、フルカウントから四球を出すという芸当は高校生には簡単にできることではない。この指示を遂行できなければ、迫田監督からカミナリを落とされることもあった。

金光はこう振り返る。

「例えばバッターがボールを打ってしまったら、その目標は達成できないですよね。達成できないゲームでは、バッテリーはボロカスに怒られるんですよ。ゲームが始まったばかりなのに迫田監督は『目的が果たせなかったから終わり！』と言って怒るわけですよね。それくらい難しい課題を選手に与えてプレッシャーをかけて、そういう中で練習試合や招待試合をやらせるわけです」

四球を出さなくて怒られるというのもなかなか理不尽な話だが、練習試合からこうしたプレッシャーを感じながらやることで、自ずと精神面が鍛えられていたのだった。

金光は卒業後に法政大、三菱重工広島を経て、１９８９年に広島商の監督に就任。92年と94年にはチームをセンバツに導き、その後は法政大の監督も務めた。監督になったことで、選手時代にはわからなかったこともたくさんあったと気づかされたという。

「監督は別次元で物事を考えてやらないといけないというのは、監督になって初めてわかることでした。当時の迫田監督がどういう思いで我々を導いてくれていたかは、そこで初めてわかるわけですよ。私も監督になって、迫田監督に教えられたことを高校、大学で実践はしましたけどね。やっぱり選手がその意図を汲んでやってくれるとは限らないですよね。選手時代はナニクソですよ。負けたらボロカス言われるわけですから」

今でこそ、指導者と選手の間で対等にコミュニケーションがとれているチームが増えてきてはいるが、指導者の意図を完全に把握できている選手はそう多くないだろう。当時のように圧倒的な上下関係がある時代ならなおさらだ。選手たちは監督の指示に従うほかないが、心の中では疑問や葛藤、反骨心を抱きながらプレーを続けていた。

「あえてチームが上手くいかないように、例えば練習試合でもいろんなハンデを持たせたりしていたんですよね」（金光）と、時が経てば迫田監督の意図も理解できるようになったが、高校生の時分ではそうもいかない。思うような試合運びができず、次第に焦りや危機感が芽生えるようになった。

センバツ後、チーム状態が芳しくなかった理由は練習試合の起用法や戦法だけに限らなかった。作新学院を倒したことで、招待試合の依頼が相次ぎ、土日はほとんどそれに費やされた。春から夏にかけてはチームの成熟度を高める大事な時期。思うように練習ができない焦りから、「監督さん、残って、ちょっと練習したいのですが」と訴える選手も出てきたという。

だが、それでも毎週のように試合を行い、さまざまなことを試した。ときにはまったく自分たちのゲームができず、迫田監督に大目玉を食らうこともあった。その象徴的なエピソードが招待試合で高知商に行ったときのことである。

この日はダブルヘッダーが組まれていたが、第1試合で敗れてしまう。すると、激怒した迫田監督は「お前ら、昼飯を食わなくていい！」と昼食抜きで戦うことを選手に命じたのだった。

いざ空腹状態で2試合目に入ると、高知商の打者が次々と捕手の達川に「お前ら昼飯食ってないだろう。ベンチの裏にパンと牛乳があるから」とこっそり囁いた。昼食抜きで戦わされている広島商ナインの姿を見かねた高知商の部長が、彼らのために用意してくれたのだった。だが、目の前に迫田監督がいる手前、表立って周りの選手に伝えることはできない。そこで達川は自分たちの攻撃に入る直前、金光を中心に円陣を組んだあと、もう一度、円陣を組みなおすフリをして、「ベンチの裏にパンと牛乳がある」と小声でチームメイトに伝えたのだった。その後、選手たちは交代で迫田監督にバレないようにパンと牛乳を補給しに行った。何とか空腹を満たし、「武士の情けで勝たせてくれたんじゃろう」と試合にも勝利することができた。

広島商の選手たちは高知商ナインに感謝の気持ちを込めて、「夏には必ず甲子園で会おう」と約束を交わして帰路に就いたという。その約束は無事に果たされ、夏の甲子園準々決勝で両校の対戦が実現。何とも心温まるエピソードだ。

春の県大会は崇徳に敗戦も相手の手の内を把握する

こうしたこともありつつチーム状態は決して良いとは言えない中で臨んだ春の広島大会。1回戦は府中に12対0の7回コールド、2回戦は呉商に11対0の7回コールドと地力で勝る相手に完勝を収めたが、問題は準決勝で対戦する崇徳だった。元々、この世代は広島商より崇徳のほうが地力はあると見られていた。

特にエース左腕の藤原仁は、この年のドラフト会議で大洋から指名（7位）を受けるほどの実力者だった。ちなみに藤原はこの指名を拒否して、駒沢大に進学。2年で中退した後に日本楽器を経て、阪神、日本ハムで9年間のプロ野球生活を送っている。ルーキーイヤーの1980年には主に中継ぎとして50試合に登板して、防御率2・25の活躍を見せた。

藤原を中心に実力者が揃っていた崇徳は「打倒・広商」に全力を注ぎ、ベストメンバーで臨んできた。一方の広島商は手の内を明かさないようにするため、佃ではなく、2年生の大竹茂を先発マウンドに送り込んだ。攻撃面でも「お前たち、自由にやりなさい」と迫田監督はノーサインに近い形で戦わせた。試合は4回表に2点を先制すると、大竹も5回1失点とまずまずの好投を見せる。しかし、6回裏から佃がリリーフするも4点を奪われて逆転されてしまう。だが、これも夏に向けて重要な研究資料となっていた。崇徳は広島商に勝とうとセーフティスクイズなど、さまざまな作戦を駆使してきた。結果的にはそのまま逃げ切られて2対5で負けてしまうのだが、崇徳の戦い方を完全に把握することができた。一方の広島商は細かい作戦を最後まで実行していない。試合そのものには敗れたが、情報戦という意味では広島商の勝利だったと言えるだろう。

崇徳はその後も勝ち進み、春の中国大会でも優勝。夏の広島大会ではセンバツ準優勝の広島商ではなく、崇徳が優勝候補の本命と見られていた。だが、この年に限らず、広島商が優勝候補の本命に上がることは少ないのだと迫田監督は話す。
「私たちは県大会の優勝予想で1位に出ることがほとんどないんです。2位以下で出るんです。その年も、春の県大会で崇徳高校に負けて、崇徳高校が中国大会で優勝しとるもんで、崇徳高校が優勝候補筆頭ですね。うちは3位か、4位ぐらいで入っていましたね。そういう意味において、選手の浮わついたとこも少なかったし、我々は春の甲子園で準優勝に終わっとるんだから、この夏は優勝を狙う、そのつもりで頑張りましょうということを本気で話ができて、選手も本気で考えてくれた。ずっといい形でいけたと思いますね」

これも「適当に負ける」ということが、当てはまる一例と言えるだろう。センバツの決勝で横浜に負け、春の県大会でも崇徳に敗れた。そのことで、夏は全国制覇という一点に目標を集中させることができた。県内でも自分たちが一番強いわけではないと手綱を引き締めることができたのも好材料だった。

崇徳に行くかもしれなかった達川

余談だが、達川も実は崇徳に進んでいたかもしれなかった。中学生の頃から甲子園に行きたいという思いは抱いていたが、特定の学校に進みたいという希望はなかった。まずは公立よりも私立のほうが先に受験があったため、強豪校として知られている崇徳と広陵、そして山陽に願書を出していた。その中で、家から最も近く、受験の時期が早いのが崇徳だった。崇徳から合格通知を貰うと、中学の先生から広陵と山陽はどうするのか尋ねられる。進学先にこだわりのなかった達川は「どこでも良いです」と答えると、「ほかの人が一人でも通るように崇徳にしなさい」と説得され、広陵と山陽の受験は取りやめることになった。

そのまま崇徳に進学しても良かったが、家庭が裕福ではなかった達川は入学金が安い公立校に行きたいという思いもあった。そこで甲子園を狙える広島商の受験を考えるようになる。実は広島商は県立と市立があり、県立広島商が野球の名門校として知られている一方で、市立広島商には硬式野球部がなかった。しかし、先生からは自宅から近く、学力的にも合格しやすい市立の受験を勧められた。流石にそれは受け入れられず、「崇徳に受かっているから滑ってもいい」という思いで県立広島商を受けることにした。

また、入れ違いにはなるが、広島商に進んでいた同じ牛田中の3学年上の先輩から「お前、広商に来いや」と誘われたことも大きな決め手になった。

「レギュラーになれるかどうかより甲子園に行けるというのが先だったよね。今の知識があれば、試合に出られるところを選ぶんだろうけど、そんなことはまったくなくてね。とにかく甲子園に行けるとなれば、広商と広陵が交替で出ていたから、広商か広陵だと思っていたんだけど、なぜか崇徳を受けた。広商に受かったので、公立のほうが授業料も安いし、いろいろ考えて広商に行ったよね」

もし、達川が崇徳に行っていれば、崇徳はさらに強くなっていて、達川自身も捕手に転向することもなかっただろう。さまざまな偶然が重なって、広島商の正捕手・達川が誕生したのだった。

広島商へ入部して、捕手としての能力を開花させた達川
（写真は 73年夏の甲子園）

第四章

夏、負けられない戦い

教訓を与えてくれた庄原実戦

センバツを終えてから、さまざまな試行錯誤を経て挑んだ夏の広島大会。センバツで準優勝に終わった悔しさを晴らすためにも絶対に負けられない戦いが続く。「人生で一番プレッシャーがかかったのは県大会だった」と達川光男が話すほど、選手たちは重圧を感じながら戦っていた。

優勝争いは広島商に春の中国大会を制した崇徳、そして夏の3連覇を目指す広陵の三つ巴になると思われていた。ところが、広陵は2回戦で尾道商に1対5で敗れ、早々に姿を消してしまう。波乱の予感が漂う中で、広島商は1、2回戦を順調に突破していく。

1回戦　広島商7－0海田（8回コールド）

2回戦　広島商13－0松永（7回コールド）

3回戦で対戦することになったのが、庄原実だ。部員数が少なく、まったく無名の存在だった。この試合も楽に勝てると思われていたが、2点リードの3回表に3点を奪われて逆転を許すなど、まさかの大苦戦を強いられる。それでも何とか6回裏に追いつくと、7回裏には一死一、三塁と勝ち越しのチャンスをつくった。ここで迫田穆成監督はスクイズのサインは出さず、強攻策の指示を出したが、これが裏目に出る。スクイズを仕掛けてくると思った相手のファーストが前進してきて、その正面に強烈なライナーが飛んだ。飛び出していた一塁走者は帰塁できずにダブルプレー。こうした不運なプレーもあり、なかなかリードを奪うことができないでいた。

試合は3対3のまま延長戦に突入。試合開始当初は観客もそれほど多くはなかったが、ラジオで広島商が苦戦しているという情報を聞いた人たちが続々と現在の広島県総合グランド野球場に詰めかけ、次第に大盛況となっていた。「あわや負けてもおかしくない場面が何度かあった」と達川が話すように何度もピンチが訪れた。二死一塁から左中間に二塁打を打たれて勝ち越し点を奪われそうになる場面もあったが、ショート・金光興二の見事な中継プレーもあり、これを阻止。14回裏に佃正樹がサヨナラとなる二塁打を放って、どうにか勝ちを収めることができた。

実はこの試合のことを迫田監督は取材で触れられるまですっかり忘れていたようだ。48年前のことだから、地方大会の1試合や2試合の記憶が抜け落ちていても仕方がないことだろう。だが、一度思い出してからは次々と当時のことを振り返りながら話してくれた。

「我々に『しっかりしなさいよ。こういうふうな戦いをするいうことは、まだまだみんな駄目なんですよ』ということを神様が教えてくれたゲームだと思いますね。ここは大したことないなんて思ったら絶対にいけないいんですよ。あの教訓は忘れたらいけんのに、なんで今頃、忘れたかなと思うて、今、反省しております」

この試合には続きがある。その年の11月、庄原実のグラウンド開きがあると聞きつけた迫田監督は、「あのときの試合があったおかげで、いい形で優勝できました」と夏の甲子園の優勝旗を持ってお礼参りに行ったのだ。そのときにも試合を行ったが、「絶対に点をやったらイカン！」と発破をかけた結果、本塁打が6本出て、19対0の圧勝に終わっている。実績や戦力に差があったとしても一発勝負では何が起こるかわからない。

それを教えてくれた相手だったからこそ、感謝の念を込めて、グラウンドに出向いたのだった。

時間切れの危機を乗り越え逆転勝利

続く準々決勝は府中に5対0と完勝。準決勝では2回戦で広陵を倒している尾道商と対戦したが、ここでも苦戦を強いられる。1回表に佃が捕まると、味方のエラーもあり、いきなり4失点。浜中清次は早くも敗戦を覚悟していた。

「これで終わったと思いましたよ。こう言ったらいけないんですけど、当時2年生でしょ。やっぱり厳しい時代ですから、これで我々の時代だとちょっと思いましたよ。これはもう無理だなと」

さらに一死満塁とピンチは続いていたが、強烈なピッチャーライナーでゲッツーに打ち取り、幸運にもこれ以上の失点は許さなかった。さらに広島商にとってラッキーだったのは、尾道商が完投できる力がないという理由で、エースを先発させてこなかったことだ。代わりに下級生の投手を先発させたが、四球を連発してくれたおかげで1回裏に2点を返すと、3回裏にも1点を加えて1点差とする。しかし、あと1点がなかなか遠かった。このとき、広島商は尾道商以外にも戦わなければいけない相手がいた。それは時間だ。

この日の試合は広島市民球場で行われていたが、夜からはナイターでプロ野球の試合が開催されることになっていた。そのため、時間切れで試合が打ち切りになってしまう可能性があったのだ。リードを許している広島商としては時間切れによるコールドゲームは避けたい。迫田監督は運営側と交渉して、何度か終わりの時間を延ばしてもらった。そうしている間に8回裏に同点。どうにか延長戦に持ち込んだ。だが、時間にも限りがあった。もし、10回で決着がつかなければ、引き分け再試合になることが決まったのだ。その中で広島商が10回裏に1点を入れてサヨナラ勝ち。時間切れになることなく、勝利を収めることができた。

ちなみに時間が押し迫った頃、待機していた広島東洋カープの選手たちがベンチ裏から試合を覗いていたのを達川は感じていた。

「うわ～プロ野球選手に見られているよと思いながらね。集中しているんだけど、周りは見えていたよね」

さらに試合後には、NHKの解説に来ていた鶴岡一人にも遭遇した。広島商OBで、1931年春にはショートのレギュラーとして全国制覇を経験。南海ホークスの黄金時代を築いた名将で、一軍監督としての通算勝利数はプロ野球史上最多の1773勝を数える。65年には野球殿堂入りを果たした広島商を代表するレジェンドOBだ。当時は今以上にプロアマ規定が厳しかったため、あいさつ程度の会話しかできなかったが、達川にとってはとても印象に残る出来事だったようだ。

土壇場で練習の成果を発揮！
トリックプレーで甲子園への切符を掴む

苦戦しながらもどうにか甲子園まであと1勝に迫った広島商。決勝は春に敗れた崇徳との対戦になった。前評判は春の中国大会を制した崇徳のほうが上だったが、広島商もセンバツ準優勝の意地がある。試合は広島商・佃、崇徳・藤原仁の両左腕による投手戦となった。藤原が5回まで無安打に抑える好投を見せれば、佃も1、2回とピンチを招くが、巧みにコーナーを突く投球で要所を凌ぎ、崇徳に得点を許さない。

試合が動いたのは6回裏だった。広島商は一死から三者連続四球を選んで満塁とする。ここで五番・町田昌照が放った打球は平凡なショートゴロとなり、崇徳はホームゲッツーを狙う。ところが崇徳のキャッチャー・聖川良司が、なんでもない送球をまさかの後逸。これで二者が生還し、広島商が先制点を挙げた。1学年違いながら聖川と親交のあった達川は、あのプレーの真相について聞いたことがあるという。

「どうしたんだあれと言ったら、『なぜかボールが見えなかったんです』と言っていた。真夏の光の中、お客さんがたくさん入っていて、見えないこともあるわね」

2年生だった聖川にとってはあまりにも気の毒なプレーだったが、広島商にとっては大きな2点だった。ちなみに聖川と同級生で、旧知の仲である浜中は会うたびに「お前のおかげでわしらが甲子園に行けた」と茶化していたそうだ。広島商はその後も達川の犠牲フライと川本幸生のレフト線へのタイムリー二塁打で追加点を挙げ、6回だけで4

点のリードを奪うことに成功。優勝を大きく手繰り寄せた。

崇徳も反撃を見せ、8回表に無死二、三塁のチャンスをつくる。だが、4点の猶予があった迫田監督は「もう2点やりなさい」と内野手の守備位置を後ろに下げさせる。すると、セカンドゴロとショートゴロの間に1点ずつ返されるも注文通りにアウトを一つずつ取り、2点のリードを保って、最終回の守りについた。

9回表、甲子園出場への執念を燃やす崇徳は一死一、二塁と長打が出れば、同点の場面を演出するが、ここで迫田監督会心のプレーが出る。三遊間に緩いゴロが転がると、ショートの金光は二塁に送球。そこからだれもが一塁に送球すると思っていた中で、セカンドの川本は三塁に投げた。すると、三塁をオーバーランしていた走者がタッチアウトとなり、試合終了。崇徳の選手たちは何が起こったのか理解できていなかった。

これは高度なトリックプレーだった。三遊間にボテボテのゴロが飛んだ時点で、6－4－3のダブルプレーはかなり微妙なタイミングである。そこで、セカンドは一塁に送球するのではなく、二塁走者の三塁オーバーランを狙ったのだ。だが、これにはコツがある。サードが相手にそのようなプレーを狙っている素振りを見せれば、ランナーコーチに気づかれてしまう。そのため、あえて二塁走者が走りやすいように2メートルほど後ろに下がって、走者が三塁を回ったタイミングでベースカバーに入るのだ。「あれはしょっちゅう練習していましたからね。我々からしたら当然のプレー」と当事者の浜中にしてみれば、練習通りのなんでもないプレーだったが、迫田監督は優勝がかかった大一番でこのプレーができたことを高く評価していた。

「優勝戦でできたのは、凄いことだと思いますね。私も味方ながら、『へえっ！』って思いましたよ。ゲームセットと言われて、広商の選手はすぐに並びにパッと行きましたけど、崇徳は何が起きたかわからんから、全然並ばない。観客もまだわかってないんですよ。広商のファンも、どうしてチェンジになったかわからんような感じなんですね。そういうことが優勝戦でできた。それもファースト、セカンド、サードが2年生なんですよ。それをやったということは、もの凄くいい形ができたという嬉しさがありましたね」

決勝の大一番で高度なプレーができたのは日頃の練習の賜物だ。こうした連携を取れるようになったのは、金光の働きが大きかったと迫田監督は話す。

「金光以外の内野手がみんな1学年下じゃないですか。だから、『こういうことせえ、ああいうことせえ。わしがセカンドなら、ここでサードに放る、サードはそのときにベースを空けて、ランナーが走りやすいようにしなさい。こうやったら、絶対に成功する』ということを、金光中心に自分らで考えてやってくれとるんですよね」

この年代は金光が強烈なリーダーシップを発揮し、それにつられる形で他の選手も自主性や判断力が養われるようになっていた。それは広島商のグラウンドで行う日頃の練習で培われたものだと金光は言う。

「当時の選手というのは、自ら場面に応じて状況判断が瞬時にできていました。それは広商のグラウンドで常にそういうことを想定してやっていたからです。例えばバントなら必ず1球しかないということを常に想定しながらの練習を積み重ねていました。これは甲子園だとか広島市民球場だとかに限らず、広商のグラウンドでやってきたからこそできることなんですね」

勝負は時の運である。甲子園がかかった試合で広島商は練習の成果を存分に披露した一方で、崇徳の藤原は本調子ではなかった。崇徳の近所に住む達川は、帰り道にそのことを知ったという。

「試合が終わって自転車で家に帰ったら、川の土手があるんですけど、そこで藤原ら崇徳の3年生が集まっていて、その前をちょうど通りかかったんですよ。『お前ら頑張れよ～』と言われたので、『どうしたんやお前』って言ったら、体調が悪くて、下痢をしていて、最後もバテバテだったと。彼が下痢をしていなかったら多分、負けていたよね。トーナメントだからたまたま勝ったけど、リーグ戦やったら、多分勝てないだろうね」

達川がそう認めるほど、この年の崇徳は強かった。仮に甲子園に出ていても上位まで勝ち進めていただろう。それだけ広島県のレベルは高かったのだ。このハイレベルな広島大会を勝ち抜いたことで、達川は「絶対に全国制覇できる」と確信した。高度な練習を重ね激戦を勝ち抜いた自信を武器に夏の甲子園に挑んだのだった。

金光がリーダーシップを発揮し、チームは随所で高度なプレーを
披露した（写真は 73年夏の甲子園）

1、2回戦は順調に突破も宿舎生活の乱れが危機を生む

1973年8月8日に開幕した第55回全国高等学校野球選手権大会。3年ぶり12回目の出場となった広島商は優勝だけを目指して、この大会に臨んでいた。

広島商の初戦は大会第4日の第2試合。初出場の双葉(福島)と対戦した。試合は経験値で上回る広島商が序盤から猛攻を見せる。1回裏から一番の浜中が四球で出塁。すかさず二塁に盗塁を決めると、二死から四番・楠原基のタイムリーで先制。その後も町田の左中間への二塁打や相手のエラーで初回から3点のリードを奪うことに成功した。さらに3回裏にも4安打に3四球、相手のエラーを絡めて大量5得点。8回裏にも5安打で4点を奪い、春よりも大幅に打力が向上した姿を見せつけた。投手陣もエースの佃だけでなく、津村信彦が甲子園初登板を果たす。2回3分の2を無失点に抑え、上々の甲子園デビューを飾った。投打が噛み合った広島商は12対0の圧勝。優勝に向けて幸先

のいいスタートを切った。

2回戦の相手は徳島の鳴門工。こちらも1回戦で13点を奪っている強打のチームだ。先発の佃は8安打を浴びて、得点圏に走者を進められる場面も多かったが、この日はカーブのコントロールが良く、上手く内野ゴロを打たせて、アウトを量産した。攻撃面では3失策と乱れた相手の守備に上手くつけこみ、3回までに3点を奪って試合を優位に進める。広島商は佃が最後まで落ち着いた投球を見せ、3対0で勝利。1回戦のような爆発力はなかったが、少ない点数を守り切る広島商らしい野球を展開して、3回戦進出を決めた。

チームが順調に勝ち進む中で、広島商はある問題を抱えていた。それは2年生の生活態度だ。例年であれば、登録メンバー14人とマネジャー1人の計15人しか宿舎入りさせていないが、この年は翌年を見据えてさまざまな勉強をさせようと、ベンチ外の2年生10人を追加で宿舎に入れたのだった。だが、そこで問題が起きてしまった。迫田監督は言う。

「外出ができないですから、旅館の中で将棋やトランプをして遊ぶんですよね。そうすると、3年生1人に対して、2年生が、4、5人で待ったをかけるんです。結局、それが練習に出るんですよ。練習の中でも3年生が、もう最後だからと、その気で一生懸命やりよるのに、『そんなに頑張らんでええじゃないですか。そう怒らんでくださいよ』とかいうようなことが出てくるんです」

日常生活がプレーに表れるとはよく言ったものだが、今回の件に関しては正にその通りだった。自由時間に生まれる甘えがついついグラウンドにも持ち込まれてしまう。最後の夏に向けて、必死に頑張る3年生との温度差は歴然だった。少しずつ狂っていった歯車が3回戦前日に崩壊する。聖人君子になって取り組んできた3年生が、ついに投げやりになってしまったのだ。

「とうとう3年生が、『これはもう負けて帰ろう。そのほうがええ。こいつらと一緒に野球できん』というような感じになりました。3年生をなだめて、『次やろう』と言ったんですけど、しっくりこなくて。3回戦で苦戦したのは、それがまだ残っていたと思いますね」

だが、当の金光はそこまで重く捉えていないようだった。

「私はキャプテンとしてうるさかったこともあったので、ちょっと宿舎で2年生の私生活がよくなくて、当然、言葉でしか言えませんけど、2年生を叱ったことはありました。ただ、我々は同級生同士でもほぼケンカ腰で練習していましたので、例えばボヤボヤしておったり、手を抜いたりしたらみんなが叱っていました。甲子園の出来事もその一つですから、確かにチームの雰囲気は瞬間的に悪いときはありましたけど、逆にそれがチームの結束力につながっていったんじゃないかと思いますけどね」

大会期間中に問題が起こったものの、悲願の日本一に向けて、着実に歩みを進めていた広島商ナイン。3回戦の日田林工戦では、高校野球史に残る伝説のプレーをやってのけた。

江川対策が生んだ2ランスクイズ

前日のゴタゴタを引きずっていたのだろうか。2回表に佃が捕まり、2点を先制されてしまう。それでもその裏、連続四球と達川のヒットで無死満塁のチャンスをつくると、七番・川本がスクイズを決めて、まずは1点を返す。八番・大城登が四球で歩いて再び満塁とすると、九番・佃がまたしてもピッチャー前にスクイズを決める。だれもが同点になったと思ったが、投手が一塁に送球する間に二塁走者の達川も一気に生還。甲子園史上初となる2ランスクイズを成功させた広島商が逆転に成功した。

今まで見たことがないプレーに甲子園の観衆は「ランナーが一人足りない」と呆気に取られていた。NHKのテレビカメラもこのプレーを予測できておらず、達川がホームインする瞬間を撮り逃している。車を運転しながらラジオを聴いていた迫田監督の知人は、「なんで3対2なんだ?」と考えている間に車を前にぶつけてしまったそうだ。今でこそ、2ランスクイズはたまに見ることができるが、当時はその戦法すら知られていなかった。それだけに人々に与えるインパクトは大きかった。

このプレーを成功させた背景には、新チーム結成当初から取り組んできた江川対策があったと迫田監督は話す。

「江川君の対策もセカンドランナーが上手くスタートを切らなきゃいけないんですよね。そういうことをやっとるから、これだったらホームへ還れるとわかるようになるんです。

後ろのランナーだった達川の足は速くないんですよ。だけど、ここは走れるとか、ここは走ったら駄目だとかいう感覚はものすごく持っていました。足の遅い達川がやったんですから、そこら辺のところは、感覚的に一生懸命練習しとったら、できることになると思いますね」

走者二、三塁からわざとスクイズを空振りして、三塁走者が三本間に挟まれてアウトになる隙にすぐ後ろにいる二塁走者が一気にホームインするというのが、江川から1点を取るために考えていた戦法だった。これは相手の内野手が前進守備を敷いていて、ノーマークの二塁走者が大きくリードを取れる状況でしか実施できない作戦である。毎日このケースを想定して練習していた広島商は、二塁走者の判断力がかなり鍛えられていた。このほかにも走者の打球判断を磨くための練習が多かったと達川は振り返る。

「セカンドランナーが1本のヒットでホームに還る練習をもの凄くしていました。無死、一死での打球判断で、セカンドからホームへ還れなかったら怒られましたね。取れるときに取らないと、ということで、それは口酸っぱく言われてきました。セカンドランナーの打球判断の練習が一番多かったんじゃないかな。だから、セカンドランナーの重要性は凄く言われていましたよ」

また、2ランスクイズを成功させるためには打球が転がる場所も重要だった。それは一塁側に転がったときである。一塁側に転がった打球を投手が処理して、一塁に送球する場合、投手は三塁に背を向けるため、走者の動きが目に入らない。この隙に本塁を狙うというのが、達川の目論見だった。

「一塁側に転がってピッチャーが背を向けたら、絶対に還ってやろうと思っていました。ずっと練習していたからね。練習試合から（ピッチャーが投球した瞬間に）ショートの後ろまで行けていたから、行けると思ったから行ったよね。ピッチャーが（一塁に）投げた瞬間にサードくらいまでおったもん。そのまま駆けるように還っていったよね」

江川対策として練習してきた、わざとスクイズを空振りする戦法が、本来とは別の思惑で貴重な得点に結びついた。迫田監督は、この走塁をできたのは、達川が日頃の練習から真摯に取り組んできた選手だからだと話す。入学当時は目立つ選手ではなく、秋の時点でも甲子園のメンバーから外れる候補に入っていたが、この時点ではプロも十分に狙えるまでの選手に成長していたと認識していた。

「セカンドからサードを回って、ホームに還る2ランスクイズをこの人がやったというのは、平生からそういう練習をしとるということなんです。達川が、春のセンバツが終わって、帰ってどうこうしよるときに、『監督さん、エラーしよう思わんでも、することあるじゃないですか。そのときに、どうしたらええんですか』と聞いてきたんです。『達、エラーした人間に対して、周りの人が、あいつがエラーした、これは駄目やいうて言ったらいけん。あいつの平生の練習見てみい。あのエラーは、わしらがやってもやっとるエラーやと。あの達川がエラーしたんじゃから、みんな言うたらいけんよいうような、平生の練習をしなさい』と言った。そうしたら、本当にそういうことを、この人は真面目にやっていたんですね。だから、高校に入ってきたときには、この人がプロ行くなんていうことはだれが見てもまったく考えられない。それがだんだんと変わってきて、もう3年の夏が終わったときには、将来プロへ行くとしたら、こいつが一番堅いんじゃないかないう感じでしたね」

真面目にコツコツと努力を重ねてきたことで、達川は一人前のキャッチャーに育ったのだ。達川は大学卒業後にプロ入りするが、迫田監督の学びはプロの世界でも通用する部分があったと話す。

「高校のときも思っていたけど、後の野球のシフトとか進塁打の打ち方とか、セカンドランナーで自分より（打球が）左に行ったら進めるとか、右に来た場合でもボテボテのサードゴロやショートゴロは行けるとかね、そういう野球のいろいろなセオリーとか判断力は高校のときに養ったもの。カープに入ったとき、古葉（竹識）監督だったけど、迫田さんに教えてもらったことで、大体はすぐ理解できたよ。足が遅いのはあったけど、マニュアル的には高校である程度習っていたよね」

プロの戦術を理解できるようになるほど、当時の広島商は高度な野球を展開していた。先述の2年生の行動もそうだが、日頃の生活や練習が大一番のプレーに出る。金光や達川らを擁するこの学年はそれがわかっていたから勝ち進むことができたのだと迫田監督は見ている。

「平生の練習を、いかにそれだけ真面目にやっているかいうことが、一番肝心な甲子園で出るんですよ、いうことですね。甲子園いうのは、そういうとこだから、真面目にやってない人は失敗するんですよ。このチームの選手はほとんどがわかってくれていて、

『今のエラーいうのは、甲子園でやったら負けのエラーだから、もっとこうしようや』というようなことは言ってくれていたんじゃないですかね」

結果的にこの2ランスクイズが決勝点となり、3対2で広島商が接戦をものにした。ちなみに日田林工は1976年春の甲子園で同じ広島の崇徳を相手に2ランスクイズを試みている。しかし、相手に作戦を見破られ、2人目のランナーは本塁でタッチアウトにされてしまった。

新チーム結成当初は「史上最弱」と言われた選手たちが地道な努力を続けたことで、甲子園でも勝ち進めるチームになった。頂点まで残り3つとなり、対戦相手のレベルが上がった中でも広島商は変わらず力を発揮した。

快勝続きで決勝進出

準々決勝で対戦することになったのが高知商。春の招待試合でパンと牛乳を分けてもらった縁もある相手だ。広島商は初回から鮮やかな先制攻撃を見せる。一番の浜中が中前打で出塁すると、二番・田所康弘が三塁前にバントヒットを決めて、一、二塁。三番・金光が送って一死二、三塁とし、四番・楠原がセンター前にタイムリーを放って2点を先制。さらに六番・達川のタイムリー二塁打で1点を加え、いきなり3点のリードを奪うことに成功した。

高知商の先発・濱田良彦は足をつっており、本調子ではなかった。そこに上手く付け込んだが、2回から登板した当時2年生の鹿取義隆（元巨人など）に抑え込まれる。すると流れは徐々に高知商へ。6回表には、無死から佃が連続四球でピンチを広げて2点を失う。いつもと動きが違うと感じた迫田監督は、6回裏の攻撃をノーサインで攻めさせたとスポーツジャーナリスト・田尻賢誉《まさたか》氏との共著『力がなければ頭を使え　広商野球74の法則』で述べているが、達川は「僕はサインが出ていた気がするけどなぁ」と振り返る。48年前のことなので、記憶にズレがあったのかもしれない。何はともあれ広島商は6回裏に一死一塁から達川がレフトラッキーゾーンに飛びこむ2ラン本塁打を放ち、再びリードを3点に広げることに成功する。達川の記憶では、本塁打の打席でエンドランのサインが出ていて、ベンチに戻ったら、迫田監督に叱責されたようだ。ちなみに翌年から金属バットが採用されたため、これが夏の甲子園における木製バット最後の本塁打として現在も記憶されている。

達川の一発で息を吹き返した広島商は、7回裏にも3長短打を重ねて2点を追加。佃から津村への継投も決まり、7対2で快勝を収めた。

準決勝の相手は埼玉の川越工。3試合連続6得点以上と打線好調のチームだった。しかし、この強力打線を佃の巧みな投球と堅い守りで封じていく。2回表には一死二塁からレフトにヒットを打たれるが、レフト・田所康→ショート・金光→キャッチャー・達川の見事な中継プレーでアウトにする。3回表には無死一塁から達川が牽制で刺して、佃を助けた。

打線は川越工のエース・指田博のスローカーブを交えた投球の前に好機を生かせず、もどかしい展開が続く。その中で5回裏、一死から八番・大城が四球で歩くと、続く佃の打球はファーストのグラブをかすめてライト線に飛ぶ。一塁走者の大城は三塁で一度ストップするが、ライトからの返球が逸れる間に生還。先取点をもぎ取ると、続く一死三塁の好機に浜中が放ったショートゴロを相手が一塁に悪送球して、追加点を挙げる。

相手のミスに助けられた広島商はそこから一気に畳みかけた。6回裏に七番・川本のタイムリーで1点を追加すると、7回裏にも一死満塁から四番・楠原が走者一掃のタイムリースリーベースで3点を加え、続く五番・町田もタイムリーを放ち、とどめを刺した。中盤まで拮抗した試合展開だったが、終わってみれば7対0の完勝。春に続いて甲子園決勝進出を決めた。

2季連続で決勝まで勝ち進んだ広島商だが、春と夏では戦い方が大きく変わっている。それが打撃力だ。春は5試合を戦って、打率・169で8得点。一方、夏は準決勝までの5試合で打率・323で32得点と、打率は2倍近くに跳ね上がり、得点は4倍になっていた。その一方で守りでは4失点、1失策と広島商らしさを失ってはいなかった。長所を生かしながら、弱点を補うことに成功している。センバツを終えてから迫田監督がチームを変えるために取り組んできたことが見事に実ったのだった。

決勝では静岡と対戦することが決まった。この試合ではチームを変えたがためにレギュラーから外された男が、最後の最後に大仕事をやってのけた。

第五章

サヨナラスクイズで日本一

大観衆の中での頂上決戦

1973年夏の甲子園、決勝の相手は静岡。高校通算36本塁打を放ち、後に法政大から阪神に進んだ三番・植松精一を筆頭に四番・水野彰夫、五番・白鳥重治の強力クリーンアップを擁する打のチームで、準決勝までの4試合すべてで5得点以上奪っていた。

「とにかく打てるバッターが揃っていました」と迫田穆成監督も警戒していた。

広島商にとっては、春の悔しさを晴らすためにも絶対に負けられない試合だった。金光興二は決戦前の心境をこう振り返る。

「春は決勝戦で負けた。甲子園での借りは甲子園で返すしかないという思いでいましたし、我々は全国制覇を取るというのが、広商の宿命だと思っていました。まあ、確かにやってやるぞという思いはありましたけど、そうは言いながらも試合に集中するというのかな。いわゆる無欲というか変なことは考えず、静岡高校に向けて集中していくという思いで決勝戦に臨みましたね」

決勝戦とはいえ、これまでとやることは変わらない。乱れそうになる心を静めながら最後の戦いに挑んだ。

この試合は当時の新記録となる5万8000人の大観衆が詰めかけていた。特に47年ぶりの優勝を目指す一塁側の静岡アルプスからの声援は凄まじく、「セカンドの川本幸生とのグラウンドレベルの会話や、ベンチからの声が全然届かない中での試合でした」とはショートの金光。スタンドからの強い圧力を感じながらの戦いだった。

ここまでの5試合中4試合で先制点を奪ってきた広島商は、この試合も初回から先制攻撃を見せる。1回裏、一番の浜中清次が相手のエラーで出塁すると、二番・田所康弘がピッチャーとサードの間を抜く絶妙なプッシュバントで内野安打を奪い、無死一、二塁とする。この走者を三番・金光が手堅く送って一死二、三塁。四番の楠原基はファーストライナーに倒れるが、五番・町田昌照がレフト前に弾き返して2点を先制する。

しかし、先制してからは、「ちょっと守りに入ったですね」と迫田監督が話すように、静岡に対して押され気味の展開になっていく。佃正樹も4連投の疲れもあったのだろう。この日は決して絶好調というわけではなかった。2回から4回にかけてはいずれも先頭打者にヒットを許す苦しいピッチング。しかし、持ち前の粘り強い投球とバックの堅い守りで得点を許さない。

特に圧巻だったのが3回表だ。先頭の八番・秋本昌宏に三塁打を浴びて、無死三塁とされる。だが、一死後、迫田監督は相手のスクイズのサインを見抜き、バッテリーにウエストのサインを送る。すると、見事に的中し、三塁走者をアウトにした。佃はこの後、四球を2つ出しており、迫田監督の慧《けい》眼がなければ、危ない場面だった。

5回までは相手の大声援に押されながらも、「踏ん張って踏ん張ってという感じでしたかね」(金光)と、どうにかこうにか無失点で乗り切った。

チームを救った川本の好守

しかし、6回表に佃がとうとう捕まる。先頭の二番・永野修司に内野安打を許すと、続く植松に右中間を破る二塁打を打たれて、無死二、三塁と一打同点のピンチを招く。ここで打席に立つのは強打の四番・水野。1ストライクからの2球目を捉えると、中堅方向への強烈なライナーとなる。だれもがセンター前に抜けていくと思ったが、セカンドの川本が決死のダイビングキャッチでアウトにする超ファインプレー。そのまま飛び出していた二塁走者もキャンバスを踏んでアウトにし、ダブルプレーで佃を救った。佃は続く五番・白鳥に二塁打を浴びて1点を返されるだけに、あれが抜けていれば、致命傷になりかねなかった。

何とかリードは保ったが、静岡の流れは変わらない。7回表は得点圏に走者を背負いながらも無失点に抑えるが、8回表には先頭の植松に三塁打を浴びると、続く水野の犠牲フライで同点に追いつかれてしまった。広島商はその裏に二死満塁のチャンスをつくるが、金光がショートゴロに倒れて無得点。同点のまま試合は最終回に突入した。

甲子園のムードは俄然、静岡が優勝する流れだった。9回表、佃は先頭の七番・岸端隆に死球で出塁を許すと、静岡は森内吉男を代走に送り、勝負を懸ける。続く秋本は犠打を決めて、一死二塁。ここで迫田監督は伝令を送り、「この回だけ抑えてくれ。そうしたら、この裏に点を取って優勝するから」と佃に伝えた。

続く打者は主将の九番・野田真一。彼の放った打球はサードゴロとなり、セオリー通りであれば、二塁走者を目でくぎ付けにしてから一塁に投げるが、サードの浜中は二塁に送球。隙があればスタートを切ろうとしていた二塁走者を、セカンドの川本が絶好のタイミングでベースカバーに入ってタッチアウト。迫田監督はこのプレーがとても印象に残っているという。

「サードが捕って、ファーストへ投げるぞと思うたら、同点だからセカンドランナーは隙があったら、ホームを狙おうという気持ちがあるんですね。そのときにサードからセカンドへ投げて、セカンドの川本がパッとベースへ入って、タッチアウトですよ。これを決勝戦で2対2の9回にできるというのは、凄いことなんです。そういうことを、甲子園でやってくれたんですね。こいつらは、2年生でも凄いなと、未だに印象に残っていますよ」

大一番で二度も好守を見せた川本は広島修道大、社会人野球のリッカーを経て、1985年8月から89年9月にかけて広島商の監督を務めている。88年夏の甲子園では、3回戦の日大一（東東京）戦で大会タイ記録の1試合9犠打、当時の大会記録を更新する大会通算26犠打を決めるなど、広島商らしさ満載の野球で全国制覇を達成。川本の監督時に最後の「真剣の刃渡り」を行ったといわれており、迫田野球の立派な伝道者でもあった。２００６年7月に再び監督の座に就くが、体調を崩して、10カ月で退任。10年5月にがんで、53年の短い生涯を閉じた。健在であれば、話を聞いてみたかった人物の一人である。ちなみに同級生の浜中の話では、「大人しすぎる」という理由で、次期主将には選ばれなかったそうだ。

川本の好守備もあり、ピンチを脱した広島商。続く一番・永嶋滋之を三振に打ち取り、同点のまま9回裏の攻撃に入った。

選手の意思でサインを変える

2対2の同点で迎えた9回裏、広島商の攻撃。1点でも取れば、もちろんサヨナラ勝ちで優勝だ。まず、先頭の楠原がセカンドへの内野安打で出塁。幸先良くサヨナラのランナーが出た。続く町田には当然、バントのサイン。だが、ここで迫田監督はある駆け引きをしていた。

「バントのサインですけど、ピッチャーはこういう場面で、バントの構えで構えられるのか、打つ構えからバントをされるのかの、どっちがストライクが入るかという問題があるんですよ。だから、私はわざと最初は構えさせるんです。構えさせて、ボールになったら、また構えさせるんです」

投手の中にはバントの構えをされると、投げづらくなって、ストライクが入らなくなる投手もいる。それを見極めるためにまずは最初からバントの構えをして、様子を見るのだ。すると、ここまで好投を続けてきた秋本が急にストライクが入らなくなる。3球連続でボールになり、四球も十分に考えられる場面になった。

「もうフォアボールが、一番ええかな思ったけど、ストライクが入って、3ボール1ストライクになったんです。その大会は、全部2ストライクから送りバントをやっている。1回だけ失敗があるんですが、あとは全部成功しとるんです。それぐらいバントに対して、自信持っとったんですよ。だけど、この場面だから、もうやりなさいって、バントのサイン出すと、バッターからウエイティングのサインが返ってくるんですよ。じゃあ、まあいいわ。そうせいってしたら、フォアボールになったんです」

当時の広島商は3ストライクの間にバントを決めれば良いという考えはなく、一人一人が状況によって、ここがバントをすべきとき、というタイミングを逃さず実行することの大切さを理解していた。それゆえ、バントのチャンスは1球しかないと胸に刻みながら日々の練習を行ってきた。

そのため迫田監督だけでなく、選手たちも2ストライクからバントを決める自信があった。だからこそ、甲子園決勝の緊迫した場面でもバントをするのは2ストライクになってからでいいと町田からウエイティングのサインを出したのだ。そこまでの自信を持てるようになったのは、日頃からバントを1球で決める練習をしてきたからだ。

初球でバントを決めると攻撃のリズムが良くなることもあるが、一方で2ストライクから決めにいくほうが、投手に球数を投げさせることができる。相手を迷わすこともあれば、四球につながることもある。

とはいえ、選手が監督のサインを自分の意思で変えるのはなかなか度胸がいることだ。このエピソードをある甲子園優勝経験監督に話すと、「迫田さん、それ許したの？ 私は絶対に許しませんよ」と言われたそうだ。だが、迫田監督はそれを許した。状況的にナーバスになってもおかしくない状況だが、迫田監督にはそれを許すだけの度量と余裕があった。

その中で、町田の行為を不服に感じていたのが、次打者の達川光男だった。楠原が出塁した際に、「お前で勝負じゃけんのう」と迫田監督に期待をかけられていたからだ。自分がヒーローになれるかもしれないと思っていただけに落胆した気持ちもあったようだ。だが、「悪い、送ってくれ」と指揮官になだめられた達川は気持ちを切り替え、サヨナラのおぜん立て役に回った。

サヨナラスクイズに備えて走者二塁でサインを出す

町田が四球で歩いて無死一、二塁となり、打席にはバントの上手さに信頼を置いている達川が立った。この時点で迫田監督は達川に送りバントをさせて、走者を三塁に進めてからスクイズで勝負を決める青写真を描いていた。

だが、そこに至るまでの過程で懸念材料が一つあった。それはサインを見破られないようにするということだ。当時の広島商は迫田監督が左手でメガホンを持って、何かを発したときがスクイズのサインだった。だが、それをスクイズの場面だけでやるのはあまりにも不自然だ。勘のいい相手なら、見抜かれてしまうだろう。だから、無死一、二塁の場面であえてスクイズのサインを出していたのだ。

「ノーアウト、ランナーがセカンドにいる場面で、スクイズのサインを出しとるんです。もちろん、右手にもメガホンを持ちますよ。これを練習でやっとかないと、下手をしたら間違えて、スクイズだと思うてサードに走るランナーがおるんですよ。だから、平生の練習の中でやっとるんですよ。選手に、『スクイズというのはランナーサードでしかないんですよ』と、『セカンドのスクイズはないですよ』ということを言って、やっとるから、5万の観衆の前で、そのサインを出しても動かないんですよ。これは簡単に考えてもろたら、困るんです。ランナーがサードに行って、パッと出されても、緊張してわからんときもあるんですよ。セカンドのときから、『サードに行ったら、スクイズするよ』ということを言うとるわけですね」

走者が二塁にいる段階からスクイズで点を取るまでの流れを考える。あまりにも用意周到な戦い方だが、広島商はこうした戦いになることを想定したうえで、日々の練習を行っていたのだ。

ちなみにこの場面、2ボール1ストライクからの4球目で達川がしっかりと送りバントを決めて、一死二、三塁としている。後日、迫田監督が達川に対して、「お前は（1ストライクから）バントしたね」と話す機会があったという。すると、「冗談じゃないですよ。2ボール2ストライクになって、もしあそこで、バント失敗したらどうするんですか。そりゃあ、しますよ」と真顔で返されたそうだ。「それが当たり前ですね」と迫田監督。確実に走者を進めたいこの場面は1ストライクからではあったが、確実に決めさせた。

続く七番・川本は満塁策のため、歩かされて、一死満塁。試合はいよいよフィナーレを迎えるのであった。

真面目な男が最後に決めた！
2ストライクからのサヨナラスクイズ

同点の9回裏、一死満塁と一打サヨナラの場面で打席が回ったのは、途中出場の大利裕二。背番号7を付けているが、この夏はレギュラーから外されていた選手だった。元々はレフトのレギュラーで、センバツでも五番レフトとしてスタメンに名を連ねていた。だが、センバツ後に迫田監督がチームの戦い方を変える際に、足のある田所康と入れ替わる形で、レギュラーを奪われるかっこうとなったのだ。

しかし、真面目で練習熱心な姿はだれからも認められており、学業成績も非常に優秀だったという。性格も温厚で、「大利さんが後輩をいじめたり、殴ったりすることはまずないですね。大利さんには殴られたことないですから」（浜中）と、鉄拳制裁が当たり前の時代にあって、後輩からも慕われる存在だった。

だが、その真面目さがプラスに作用しなかった部分もあったと迫田監督は話す。

「真面目過ぎて、どうしても試合の中で緊張して、マイナスが出るんですね。だから、県大会でも、絶好調なのに、先発で出ていないんですよ」

一度掴んだレギュラーを奪われた悔しさはある。だが、それでも腐らずに自分のできることを精一杯やれるところが大利の良さでもあった。大利は言う。

「同じレフトで田所が私の代わりに試合に出た形になりますが、彼は足も速いし、スポーツ万能なところもありますので、そういう意味では悔しいけど、ちょっと敵わないところはあるかなと思いますね。だから、自分が試合に出なくても与えられたことを一生懸命やろうという気持ちはあったと思います」

この試合では8回裏に大城登の代打として出場した田代秀康に代わって、9回表からレフトの守備固めとして出場。決勝戦初打席が勝敗を決める重要な場面で回ってきたのだ。このとき、三塁ランナーコーチを務めていた金光は感慨深げに打席の大利を見つめていた。

「同級生が見ても頭が下がるくらい努力家で、頭も良いし、人間的にも素晴らしい。彼が背番号7という背番号を貰いながら夏はスタメンで出ることがほとんどなかった。でも、そういった状況でも腐ることなく、チャンスを貰えたときに自分の役目を果たすんだという考えができる選手ですね。その彼が一死満塁で打席に立ったというのが、その年の広商を表している気がしますね」

だが、当の本人は緊張を抑えるので精一杯だった。打席に入る前に迫田監督から、「2ストライクからのスクイズは大丈夫か？」と尋ねられ、「大丈夫です」と返したが、「正直言うとドキドキですよね。練習では甲子園の舞台で行っていることを想定し、強い意思で取り組んだつもりですが、失敗したらどうしようというのはありましたね」と不安を感じずにはいられなかった。

それは大利の父・利秋も同じだった。迫田監督の話では、利秋は体調を崩して入院しており、親族は入院先の病室のテレビで試合を見つめていたが、いざ大利が打席に入ると、「わし死ぬるんじゃないか」と画面を直視できなかったという。

まずは初球を見送ってストライク。このとき、迫田監督は「1球でいいですから、ボールください。頼みます」と神頼みをしていた。0ボール2ストライクに追い込まれると、スクイズのサインが出しづらくなるからだ。すると、2球目はボールとなり、1ボール1ストライクとなる。金光は次の3球目が勝負の分かれ目になると読んでいた。

「2球目は完全に外し気味のボールで、静岡高校はスクイズを警戒していました。3球目が仮にストライクで、1ボール2ストライクになったら（相手はさらにウエストしやすくなり）、スクイズは仕掛けにくいんですよね」

迫田監督も「できたら、もう1球、お願いします」と念を送っていた。すると、次もボールとなり、2ボール1ストライクとなる。この瞬間、「これは勝てると確信しました」と金光は悟った。

「2ボール1ストライクになったことで、ここで僕は大利君がスクイズを失敗するとは考えていませんでした。そういう練習を積んでいましたから。恐らくだれが出ても決めていたかもしれないですけど、なおさら大利君があそこの場面で立ったということは、打線の巡り合わせとしては良かったかなと思いますね」

ここまで来たら、あとは2ストライクになってから、スクイズを決めるだけ。「フォアボールで、最後決めたらいけんですから、ここはストライクでええです」と迫田監督が念じると、本当にストライクが入って、2ボール2ストライクになった。すかさず迫田監督は左手にメガホンを持ち、次のように叫んだ。

「なんで打たんのか、ばかたれ！ もうどうでもええ、好きにしなさい！」

偶然、その様子がテレビにアップで映し出されていた。正真正銘スクイズのサインである。しかし、それがサインとは知らない利秋は「いや、それは監督、あれは怒るよ。あのボールは打てるよ。なんで打たんのや。もうなんや、あいつは。もう駄目だな、どうしてこいつは、こんなに駄目なんか」と嘆いていたという。

その一方で、「4球見せてもらったことで、私のほうに有利になりましたね」と息子のほうは冷静だった。4球ともストレートが来たことで、ボールの軌道はハッキリと掴めていた。

そして、迎えた運命の5球目。内角低めにストレートが来ると、「まずはフェアグラウンドにボールを転がすのが最低限」とコースに逆らわず、三塁方向に転がした。その瞬間、大利は少し我に返ることができた。だが、まだ勝利は確信できなかったという。

「100パーセントスクイズの守備隊形でしたからね。それに、わりと強めのゴロが行ったんですよ。サードが前進してきて、満塁ですからフォースアウトじゃないですか。

だからタイミング的には際どいなという感じで、走っていったような感じですね」

とにかく三塁走者の楠原がセーフになることを祈りながら、無我夢中で一塁まで駆け抜ける。前進してきた相手三塁手の永嶋が体勢を崩しながらも懸命に本塁へ送球するが、ボールは三塁方向に大きく逸れ、セーフとなった。

生還した楠原がバンザイしながら立ち上がると、彼の周りに歓喜の輪ができた。「舞い上がっていましたよ。あれほど嬉しいことってないじゃないですか」と浜中も先輩たちと喜びを分かち合った。大利は一塁ベースに到達したところで、観衆の反応から優勝したことを確信した。

「まずはホッとした感じですかね。失敗せずに良かったなという感じ。個人的にはそういうシーンに立たせてもらって、紙一重のプレーで成功できたのは良かったですね。ある意味、究極の作戦じゃないですか、3バントスクイズは。その辺は自分が本当にやったのかという気持ちと、よくできたなという気持ちが半々という感じですかね。今、こうやって話をさせてもらっても全体のシーンは記憶としてあるんですけど、自分の細かいシーンまではあまり覚えていないんですよね」

73年夏の甲子園。静岡との決勝で、
大利がサヨナラスクイズを決めた

だれもが認める努力家の大仕事で、春夏通じて6度目の全国制覇を成し遂げた広島商。息子が優勝の立役者になったことで、利秋は喜んでくれていると迫田監督は考えていた。しかし、後日会うと、意外な反応が返ってきたという。迫田は言う。

「宮島の三鬼堂に我々はお礼参りに行くんですよ。そうしたら、お父さんがそこへ勤めておられて、『監督』と呼び止められて、本気で怒られましたね。『あれだけのことさすんじゃったら、もっと出しとってくれ。うちの息子、4打席しか打ってないのに、あんなとこで』、と。あんなことをしたから、私は喜んでもらえる思うたんです。ああいう場面で最後のスクイズ決めた選手ですから。ですが、『わしゃ死によった。何回も出しとってあれなら、わしもそらしょうがないと思うけど、4回しか出さなんで、あんな大事なことさすなんて。本当、監督、わしは恨んだよ』って言うんですよね。そういうふうなことはあったけど、結局、あの人の努力が、最後にそういうものをつくったんじゃないですかね」

親としてみれば、たまにしか試合に使ってもらえないのに一打サヨナラの場面で、3バントスクイズという傍から見ればリスキーな作戦の当事者にさせられるのは、たまったものではなかったのだろう。その心情は察するに余りある。紆余曲折はあったが、最終的には自分たちの野球を貫いて、日本一になることができたのであった。

優勝してなお求められた広商としての振る舞い

広島商は勝利してからの立ち振る舞いも厳しく求められる。ガッツポーズ禁止の中で楠原のバンザイが物議を醸したのは第一章で述べた通り。映像を何度見てもそこまで過度に喜んでいる印象はまったくなかったが、それでも相手に対して失礼であると見られたようだ。

サヨナラスクイズを決めた大利は特に表情を崩すことなく、淡々と整列に向かっていた。コロナ禍のため、大利への取材は電話で行ったが、声のトーンや言葉の選び方から人当たりが良く、控えめな人物であることが伺えた。こうした性格がレギュラー争いという点ではマイナスに働いたのかもしれないが、自己犠牲を強いられ、なおかつ絶対に失敗できない場面では、大利のような選手が一番輝けたのかもしれない。

周りが歓喜に酔いしれている中で、また一人冷静だったのが、達川だった。意外にも優勝したことに対する喜びの感情は湧いてこなかったという。

「優勝したときはまったく喜びはなかった。負けなくて良かったとホッとしたね。やっぱりプレッシャーかかってたよ。春準優勝だったでしょ。夏に優勝したいというよりも負けたくないという気持ちが強かった。迫田さんの野球で、広商野球は『負けない野球』といわれていた。だから負けなくて良かったなと思う。キャッチャーというポジション柄でしょうけどね」

達川に限らず、勝てたことの喜びよりも、負けなくて良かったという安堵感、それまでの練習や試合で感じていたプレッシャーや苦しみからの解放感のほうを強く味わっていた選手が多かったようだ。こうしたものからすべて解き放たれたことで、堪えるものを抑えきれなかった選手がいた。それがエースとして大車輪の活躍を見せてきた佃である。そのときの様子を達川はこう振り返る。

「佃は涙しとったけど、彼は凄い苦労したからね、私らの年代で一番の苦労と思う。先輩に厳しくされたしね。いろいろ一人で広商の背番号1を背負うと言ったら並大抵じゃないよね。背番号1を背負ってセンバツで負け、夏は涙でインタビュー受けていたけど、あれは許してやった。僕は傍観者のようにベンチで見ていたよ」

エースというものは常に孤独である。目の前にはキャッチャーがいて、バックには7人の野手がいる。だが、マウンドに立てば常に一人だ。エースの投球で試合が左右されることが多く、そのプレッシャーは計り知れないものがある。

特に広島商のような伝統校であれば、なおさらだ。背負い続けた重圧の重さは佃本人にしかわからない。彼がそうしたものと戦ってきたことをみんな知っていたから、本来ならチームで御法度である、涙を流すという行為も許容できたのだった。普段は気持ちを顔に出すことがなく、精神的にタフな選手だった。プロで長年活躍した達川も精神面で佃の右に出る者はいなかったと認めるほどだ。

「佃はメンタルがメチャメチャ強かった。本当に動じることがないというか、僕は何人もプロでも受けたけど、精神力だけは彼に勝てる者はいないんじゃないかと思うくらいの精神力をしていた気がするね」

加えてルックスも抜群だった。夏の甲子園で優勝投手となったことで人気は急上昇。

甲子園から帰ってきたあとには放課後に佃の姿を一目見ようと女子高生が広島商のグラウンドに集まったが、多いときには1000人ほどいたという。いつの時代もイケメンエースはモテるものだ。

閉会式になり、主将の金光が優勝旗を受け取った。試合直後は「嬉しいのは嬉しいけど、嬉しさの前にホッとしたというか、これで高校野球が終わったという思いのほうが強かったかな」という金光だが、この瞬間にさまざまなことが頭を駆け巡ったという。

「優勝旗を貰って場内を一周している時間に、ようやく優勝したという感情がね、いろんな思いが頭をよぎっていきましたけどね。そういう意味でこの1年はいろんなことを教えてもらって、結果的に最後は春の悔しさも夏に晴らすことができたし、忘れられない1年になりましたよね」

新チームが始まった頃には「史上最弱の世代」と揶揄され、選手たちの反骨心を刺激した。そこに現れた江川卓という怪物。まだ甲子園が決まってもいない段階から実際に見たことがない江川の対策を立て、来る日に備えて特訓を重ねてきた。センバツの準決勝で対決が実現し、見事に打ち破る。しかし、江川を倒したことで、チームは抜け殻の

優勝して場内を一周する広島商ナイン。73年夏の甲子園

ような状態になり、翌日の決勝では敗戦。夏は全国制覇しかないと出直しを誓った。だが、チーム変革に苦しみ、春の県大会では崇徳に敗戦。危機感を持って最後の夏に挑んだ。その夏も県大会から苦戦を強いられた。3回戦はノーマークだった庄原実相手に延長14回の大苦戦、準決勝の尾道商戦では1回表の4点ビハインドを跳ね返した。決勝では春に敗れた崇徳にリベンジ。激戦を乗り越えて、春夏連続の甲子園出場を果たした。宿舎では後輩との関係で衝突がありながらも勝ち進み、3回戦の日田林工戦では甲子園初の2ランスクイズを決めて、逆転勝利を収めた。そして最後の決勝戦、大激戦の末に大利が3バントスクイズを決めてサヨナラ勝ち。激動の1年を締めくくるに相応しい幕切れだった。

さて、甲子園での戦いを終えたら甲子園の土を持って帰るのが、恒例行事だ。しかし、広島商にとって「甲子園はホームグラウンド」であり、土を持って帰るのは許されていなかった。当時のことを達川は恨めしそうに話す。

「春に負けて、みんなで土を拾って持って帰ろうとしたら、部長の畠山圭司さんが、急に怒って、『お前たちはもう夏来ないのか！』と言われて、みんな持って帰らなかった

73年センバツ1回戦。静岡商戦での広商ナイン。
後世に語り継がれる戦いは、ここから始まった

よね。春も夏も持って帰ればいいじゃないかと思いながら。夏は夏でサヨナラ勝ちして、土を集めていたら、『お前たち、甲子園の土は持って帰るな。お前らのホームグラウンドやないか！』と言われて。いやぁ、違うぞ。ホームグラウンドは広商のグラウンドだぞと思いながらね。2年生のやつらは『広商の土を持っていけ』と言われたらしいよ。流石にみんな持っていかなかったけどね。ほかのグラウンドの土を入れたら、阪神園芸さんに怒られるよ。そういう漫画チックなところもあったよね」

甲子園球児にとって、土を持ち帰るのも楽しみの一つだ。禁止することにさまざまな意見はあるだろうが、それが広島商の伝統というものだ。これは現在に至るまで受け継がれており、2019年の夏に甲子園出場を果たしたときも、甲子園の土を持って帰る選手はだれもいなかったそうだ。

まだ余力のあった迫田監督

甲子園を後にして、地元・広島に帰ると、広島駅からパレードを行うことになっていた。春もパレードを実施したが、このときは準優勝にも関わらず、準決勝で江川擁する作新学院を倒したからと、地元の人たちが興奮して半ば強引に執り行われたもの。皆、バツが悪そうに参加していたが、今回は胸を張ってパレードに参加することができた。

当時はまだ、カープが初優勝を経験しておらず、盛り上がりに拍車がかかっていた。

「県民の人が喜んでくださって、感激したという感じでしたね」と優勝の立役者となった大利は喜びを噛みしめていた。

選手たちが喜びと解放感に浸っている中、采配が冴えに冴えていた迫田監督は、「まだ2試合ぐらいできるな」と思っていたそうだ。

「優勝した次の日から、優勝旗持って、あいさつ回りなんです。バスに乗って待っとるときに、パッと高野連の人が来て、『監督、ごめん。2試合残っとったんで、もう二つ試合して』って言ってくるんじゃないかなと心配したんですよね」

心の中では余裕があった迫田監督だが、体には明らかな変化があった。決勝の日、朝と試合後の風呂上がりに体重を測ってみると、驚くほどの変化があったという。

「朝起きて、体重計に乗るんですよ。甲子園に行くと、いいもの食べて、あんまり練習

春に決勝で敗れた悔しさを晴らし、73年夏は堂々の優勝を飾った広島商。パレードで笑顔がはじける

せんから肥えるんですよ。選手も肥えるんです。風呂へ入って、体重計があるからどうかな思ったら、4キロ痩せとったんですね。ない頭を使えば、それぐらい体重が減るというのは聞いたことがあるけど、自分が初めてそれを感じましたね」

迫田采配は、頭を使う野球だ。激戦の中で、本人も知らない間に消耗していたのだろう。もちろん、あと2試合もあるという心配は杞憂に終わる。だが、そう思えるくらいに迫田監督は精神的な余裕があったのだ。当時の迫田監督は34歳。監督自身の采配のキレに加えて、畠山部長とのコンビネーションも抜群だったと達川は振り返る。

「集中する中で、常に考えて野球をやっていたから余裕があったよね。先読みができるというか、あのときの迫田さんは人生で一番冴えていたと思う。作戦がすべて成功したもん。これは監督一人じゃできない。部長と監督のコンビが非常に大事だなとわかったね。1、2年生のときは迫田さんと畠山さんで違うことを言われることもあったけど、3年になったら、いろんなことで畠山さんの考えが、『迫田さんの言うことを聞いていたらいい』というくらいになった。二人の呼吸がピッタリだったよね。我々も迫田さんの野球観の中で、思い通りに駒として動けた。そんな時代じゃないかと思う。2ストライクから送りバントもできたし、金光というキャプテンもしっかりしていたしね」

監督就任から6年が経ち、迫田監督の野球観が確立された中で、金光のような抜群のリーダーシップを持つ主将に恵まれた。こうしたさまざまな要素が重なり、掴んだ全国の頂点。木製バット最後の夏の甲子園の王者になった広島商は、時代を象徴するかのような戦法を駆使して、深紅の大優勝旗を掴んだのだった。

第六章

引き継がれる精神

力は前年以上だが……夏の甲子園に届かなかった1974年

木製バット最後の夏の甲子園で、サヨナラスクイズという劇的勝利で優勝を勝ち取った、1973年の広島商。その後もしばらくは甲子園常連校として、全国に名を轟かせてきた。

金光興二らが引退したあとの新チームではファースト・町田昌照、セカンド・川本幸生、サード・浜中清次が旧チームからのレギュラーとして残っていた。当時は3年生が次期主将を決めることが通例となっていたが、主将に選ばれたのは主力の3人ではなく、夏の甲子園でもベンチから外されていた播本昇。副主将に川本が選ばれた。その経緯を浜中はこう説明してくれた。

「あとから先輩に聞いたら、浜中は生意気すぎるからダメだ、川本は大人しすぎるからダメだ、町田は論外だと言われて、真面目な播本がなったんですよ」

夏の大会で攻守に活躍した3人が残っていた新チームは、金光世代よりも力では上回るとの評判だった。佃正樹のような絶対的エースはいなかったが、打力では勝っており、「我々の代はハッキリ言ってメチャクチャ強かったんですよ」と浜中が自負するほどの戦力だった。迫田穆成監督も甲子園での連覇を現実的に捉えていたという。実際に秋の中国大会も連覇を達成し、練習試合も含めて負けることはなかった。前年以上に強い自信を持って、春のセンバツに挑んだのだった。

1回戦で対戦したのは北海道の苫小牧工。打線が2点に抑え込まれるも、前年夏の甲子園でも登板機会のあった田所由彦が2安打完封で、2対0と勝利を収めた。

2回戦の大分商戦では大会記録となる14盗塁を決めるも2点しか奪えずに、2対3で敗戦。3回表に失った3点を取り返すことができなかった。14盗塁を決めながら2得点に終わるというのも、なかなか奇妙な話だ。実はこの年はバントをまったくしないチームだった。浜中はなぜバントをしないのかを迫田監督に聞いたことがあるが、「せえ言うてもできんじゃないか」と一蹴されたという。この試合で広島商は毎回のように走者を得点圏に進めるが、「スクイズもせずにショートゴロで点が取れない」（浜中）という状況が続いて、夏春連覇の夢は砕かれたのだった。

練習試合も含めて初めての敗戦を喫したチームは、歯車が狂っていく。春の広島大会こそ優勝したが、中国大会では準決勝で敗退。そこからチームが上手く回らなくなり、夏の大会を控えたタイミングで主将が浜中に交代となった。「優勝旗を返還しに行くためだけに代わったよう」と、本人の中でも腑に落ちない主将交代だったようだ。

それでも広島商が夏の広島大会の本命であることに変わりはなく、「どこにも負ける気がしなかった」と浜中も自信を持って大会に臨んでいた。1回戦では神辺工に16対0の大勝を収めたが、2回戦で呉港を相手に0対1でまさかの敗退。1回表にエラーで失った1点が最後まで重くのしかかった。この試合も大分商戦のように毎回のようにチャンスをつくりながらスクイズ等のサインが出ることもなく、強攻策がことごとく失敗する展開だった。最終回も先頭の川本が三塁打で一打同点の好機をつくるが、後続が倒れて夏連覇の夢が絶たれてしまった。力があると言われながら最後の夏は甲子園にすら行けなかった浜中世代。夏の甲子園開会式では浜中が一人で寂しく優勝旗返還を行った。能力が高い選手は揃っていたが、金光と達川光男の穴が大きかったと浜中は話す。

「我々の代はセンターラインが前年よりは弱かったですね」

守備の要となるキャッチャーとショートが固定できず、チームとしてもまとまりを欠いていた。迫田監督の見方はどうか。金光の存在の大きさを認める一方で、この年はチームに厳しさが足らなかったとも話す。

「ファースト、セカンド、サード、1学年下ですね。それが73年の決勝戦でも凄いプレーをしながら、翌年はなぜ勝てなかったんですかいうのは、結局、この人らが、金光で支えられとったたということが言えるんですね。彼が引っ張ってくれていたことによって、この人らは生きとったんです。だから自分らが、金光に代わるような姿勢でやっとったら、この人らのほうが強かったぐらいです。なのに、夏に負けたというのは何かと言ったら、連覇の難しさなんですよ。川上哲治さんが巨人9連覇されたいうのは、凄いなと思いますね。もっと厳しくせないけんのんですよ。今まで厳しくして、優勝した。『よっしゃ、みんなわかったか』と優しく言って、やったら駄目なんですよ。もう少し厳しくして、初めて次ができるんですよね。この厳しさいうのは、なかなか人間としてやろうとしたら、大変なんじゃないですかね」

日本一になれば、さまざまな方面から祝福を受け、称賛もされる。特に高校生くらいの年齢であれば、チヤホヤされて勘違いする選手が出てきてもおかしくない。この年代の選手の中には、2年生の冬にサインの練習をしている選手もいたという。「勝って兜の緒を締めよ」ということわざがあるが、それを実践するのは難しい。自分自身に厳しくすることの難しさを実感する1年だった。

全国制覇からわずか2年 迫田監督が退任を決める

全国制覇から2年後の1975年夏、迫田は広島商の監督を退くことになる。決して、成績不振が理由ではない。監督と家庭の両立に難しさを感じていたからだ。広島商の監督は教員が行う場合を除いてボランティアである。実家が洋服屋を営む迫田は午後3時頃まで、洋服屋のセールスをしてからグラウンドに向かう生活を送っていた。迫田が広島商で指導者になったのも、「迫、お前は自営業じゃけ、時間は自由になるじゃろ」と当時の監督だった畠山圭司に言われたことがきっかけだった。だが、結果を残せば残すほど、家庭を顧みることは難しくなっていた。全国制覇した73年は春夏の甲子園に加え、中国大会や国体、招待試合と遠征が相次いだ。それらをすべて計算すると、1年のうち、103日を家の布団で寝ていないことがわかったのだ。

「奥さんがおって、子どもが3人おるんですよ。だから、103日、家で寝なかったら、仕事がどうのこうのじゃないですね。ずっと出とったら、それはやっていけんですよね」

広島商の監督として最後の夏となった75年は甲子園で4強入りを果たす。広島商はこれまで夏に準決勝まで勝ち進めば、必ず優勝していたが、現在はヤクルトのゼネラルマネジャーを務める小川淳司がエースの習志野（千葉）に0対4で敗れ、2年ぶりの全国制覇とはならなかった。広島商として初めての準決勝敗退という結果は、責任を取る意味でもちょうど良かったのかもしれない。その後はこの年からコーチに就任した桑原秀範に監督の座を譲り、迫田は総監督としてチームの指導を数年間続けたが、「仕事自体はそんなにしたことはないですけど」と謙遜する。

家業の洋服店は広島商の監督時代に廃業しており、監督退任後は菓子店を経営した。

ケーキを好む甘党だったが、「野球に対しては厳しいんですが、ほかのことに対して駄目なんですよ」と経営はあまり上手くいかなかったようだ。その期間、高校野球の解説者や他校の臨時コーチを引き受けていたが、本格的な現場復帰はもう少し先の話になる。

伝統を引き継いだ迫田の教え子たち

迫田が監督を退いても広島商は甲子園常連校であり続けた。後を継いだ桑原は1964年度の主将を務めた人物。高校時代に甲子園出場経験はないが、法政大では田淵幸一(元阪神など)、富田勝(元南海など)、山本浩司(のち浩二・元広島)の「法政三羽ガラス」の後の六番打者として活躍し、東京六大学野球リーグでは在学中3回優勝。68年には全日本大学野球選手権大会優勝に輝き、法政黄金時代を支えた。社会人野球の鐘淵化学を引退した75年に母校のコーチとなり、迫田の辞任を受けて監督に就任した。

桑原が監督に就任してからは77年、79年、81年と1年おきに夏の甲子園に出場したが、最高成績は3回戦と広島商にしてはやや物足りないものだった。金属バットが導入され、高校野球の戦術スタイルも大きく変化していた。広島商の緻密な野球では勝てないのではないのかと囁かれることもあった。

それでも82年夏に躍進を見せる。前評判は決して高くなかったが、3回戦で仲田幸司（元阪神など）を擁する興南（沖縄）を4対2で破るなど、エースの池本和彦を中心に接戦を粘り強く勝ち抜き、9年ぶりの決勝進出を決めた。しかし、決勝では畠山準（元横浜など）や水野雄仁（元巨人）らが並ぶ強力打線の池田（徳島）を相手に初回から6点を奪われるなど、2対12の大敗。準優勝を果たしたものの大敗の責任を取って、この年限りで桑原は辞任。73年のベンチ入りメンバーである田代秀康に監督の座を譲った。

桑原はその後、堀越（東京）の監督に就任。春夏合わせて甲子園に5度導き、井端弘和（元中日など）や野村克則（元ヤクルトなど）、岩隈久志（元マリナーズなど）らを育てるなど、手腕を発揮した。

広島商は田代体制でも83年春夏、84年夏、85年春に甲子園に出場して、強豪校としての地位を死守。しかし、3回戦に進んだ83年夏以外は初戦敗退に終わり、85年夏を最後に田代は辞任。その前年からコーチを務めていた川本が監督になった。

川本率いる広島商は87年に春夏連続で甲子園に出場。春は2回戦敗退、夏は1回戦敗退とここでも結果を残せなかったが、甲子園経験者が5人残った88年夏に快進撃を見せる。広島大会の準々決勝で前年秋に敗れた西条農にリベンジすると、その勢いで夏の広島大会を連覇。甲子園では初戦（2回戦）で上田東（長野）に延長10回サヨナラ勝ちを収めると、3回戦の日大一（東東京）戦では1試合最多タイ記録の9犠打をマークして12対1と大勝した。準々決勝の津久見（大分）戦では足やバントを絡めた攻撃でエースの川崎憲次郎（元ヤクルトなど）を攻略。相手より少ない6安打ながら5点を奪い、5対0で勝利した。準決勝では浦和市立（埼玉）との接戦を制して4対2で勝利。決勝では福岡第一と対戦。ロッテ、中日、巨人で活躍した前田幸長がエースを張り、「九州のバース」の異名を持つ山之内健一（元ダイエー）が四番を打つ強敵だった。

試合は背番号10ながらエース格としてフル回転していた上野貴大が前田と互角の投げ合いを披露。8回まで互いに0行進を続けた。均衡が破れたのは9回表。二死二塁から広島商の主将で四番の重広和司がライト線にタイムリーツーベースを放ち、待望の1点を挙げる。その裏の福岡第一の攻撃も無失点で凌ぎ、15年ぶりとなる全国の頂点に立っ

88年夏の甲子園で川本監督率いる広島商が 15年ぶりに優勝

た。このとき、テレビで試合を観ていたのが、現在、広島商の監督を務める荒谷《あらたに》忠勝。迫田の教え子が全国制覇を成し遂げ、その戦いを見た少年が後に広島商の指導者となる。伝統は着実に次世代へと受け継がれていた。

川本は翌年夏を最後に監督を退任。その後を引き継いだのが金光だった。金光は広島商を卒業後、法政大に進学し、1年生からレギュラーとなった。在学中には4連覇を含む5度のリーグ優勝、2度の日本一に貢献。高校時代のライバルだった江川卓とともに法政の黄金時代を築いた。3年から主将を務め、通算108安打を放った金光は大学4年時のドラフト会議で近鉄に1位指名されるが、地元で野球を続ける希望があって、これを拒否。選手としての残りのキャリアを三菱重工広島で過ごす決意をした。三菱重工広島では79年の初出場初優勝をはじめ、都市対抗野球大会に8度出場。優勝した79年には第4回インターコンチネンタルカップ日本代表にも選出され、準優勝に貢献した。

アマチュア球界で輝かしい実績を残した金光は89年に現役を引退して、母校の監督になった。就任してすぐはなかなか結果が出せなかったが、91年秋の中国大会で準優勝となり、5年ぶりのセンバツ出場を果たした。1回戦は坂出商（香川）相手にエースの森田徹夫が公式戦初完封を飾り、３対０で初戦突破。しかし、２回戦の天理（奈良）戦では２対３と接戦を落とし、ベスト８進出とはならなかった。

この直後に入学してきたのが荒谷だった。入学前には父親から、「監督は金光といって、昭和48年に全国優勝して、大学は法政で優勝して、三菱重工広島でも優勝した凄い人なんだ」と聞かされたという。

その荒谷が３年生になった94年春に２年ぶりとなる甲子園出場を果たす。荒谷も背番号７を背負うレギュラー選手として出場していた。この大会では１回戦で鹿児島実に７対３と快勝するも、２回戦では宮出隆自（元ヤクルトなど）や橋本将（元ロッテなど）を擁する宇和島東（愛媛）を相手に延長13回の末、２対４で惜敗。出場２大会連続で２回戦敗退となった。この年の夏は県大会決勝で山陽に７対11で敗戦。「何らかの形で広商に戻って、そのときに夏の甲子園で優勝させたい」と、この負けは荒谷が指導者を志すきっかけとなった。

金光は95年夏で監督を退任。広島商はその後、県内でも苦戦を強いられるようになる。その背景の一つに迫田の本格的な現場復帰があった。

迫田兄弟が他校で活躍 広島商は厳しい時代を強いられる

1993年2月、迫田は18年ぶりに高校野球の監督になった。だが、それは母校の広島商ではない。広島県三原市に所在する三原工である。翌年からは同法人の緑ヶ丘女子商と統合し、如水館へと改名することが決まっていた。当時は野球部すらなかったが、学校はこのタイミングで野球部の本格強化に乗り出そうと考えていたのだ。

0からのスタートとなったが、迫田監督はここでも手腕を発揮し、97年夏に甲子園初出場。春1回、夏7回の甲子園出場回数を数える強豪校に育て上げた。90年代後半から2000年代にかけて如水館が実績を積み重ねる一方で、広島商は下降線を辿っていく。98年春は折田裕之監督の下で4年ぶりに甲子園出場を果たすも3回戦敗退。広島商は再起を期すべく、2000年8月には迫田の実弟である守昭を監督に据えた。守昭は穆成の6歳下で、彼も広島商のOBである。高校時代は甲子園に縁がなかったが、慶応大、三菱重工広島で捕手として活躍。現役引退後は同社の監督として、金光らとともに都市対抗野球大会でチームを初出場初優勝に導いた。

就任後初の甲子園出場となった02年春は8強入り。名門復活かと思われたが、その後の甲子園出場は岩本貴裕（元広島）がエースで四番として活躍した04年夏の一度のみ。夏の甲子園出場は実に16年ぶりだったが、1回戦で浦和学院（埼玉）に1対3で敗れている。このとき、荒谷は副部長として母校に戻ってきていた。高校時代に抱いていた、母校の後輩を優勝させるという目標を、この時点では達成できなかったが、「指導者を志したときの夢を叶えてくれた」と選手に感謝の気持ちを述べたそうだ。翌年、荒谷は呉商に異動。監督としては11年間指揮を執った。甲子園未経験のチームを２０１２年秋に8強入りに導き、翌13年のセンバツの21世紀枠県推薦校に選ばれるなど、手腕を発揮した。

04年の甲子園を最後に、広島商は15年もの間、甲子園から遠ざかることになる。守昭は06年夏で監督を退任し、翌秋には同県の私立である広島新庄の監督に就任した。守昭は就任以前はまったくの無名校だったが、田口麗斗（ヤクルト）、堀瑞輝（日本ハム）ら次々と好投手を育て上げ、14年春には甲子園初出場も果たすなど、全国区のチームに押し上げた。20年3月で退任し、今は広島商監督時代の教え子で、04年に岩本とバッテリーを組んだ宇多村聡《そう》に後を引き継いでいる。広島新庄は21年も春夏連続で甲子園に出場するなど、今や広島県を代表する強豪だ。

迫田兄弟が県内のライバル校の監督になったことで、広島県高校野球の勢力図が大きく変わった。春3度の優勝を含め、春夏合わせて47度の甲子園出場を誇る広陵に、迫田兄弟が率いる如水館と広島新庄が上位を席巻するようになる。11年と16年の夏には、県大会決勝で兄弟対決が実現した。彼らが手腕をいかんなく発揮する一方で、広島商は苦しい時期が続く。11年には夏の広島大会で49年ぶりとなる初戦敗退。長いトンネルを抜けられないでいた。だが、16年に荒谷が母校に戻ると、広島商は再び上昇カーブを描くようになる。

荒谷忠勝、母校へ帰る

2016年4月、他校での勤務を経て、荒谷は11年ぶりに広島商で副部長として指導にあたることになった。しかし、試練が訪れる。18年4月に部内暴力が発覚。チームは夏の大会直前まで対外試合を禁止され、当時の監督も引責辞任。夏の大会は荒谷が臨時で指揮を執ることになった。危機的状況の中でも広島商は何とかベスト4まで勝ち残り、準決勝でも甲子園に出場することになる広陵に1対3と善戦。名門の意地を見せた。

夏の大会が終わってから、荒谷は正式に監督となった。甲子園から遠ざかっている広島商だったが、赴任当初から決して悪い印象はなかったという。

「悪いイメージはなくて、ただやっぱり何か足りないのかなというジレンマがありました。良い選手がいないとかではなく、ちょっと歯車が合っていないという感じはありましたけど、戻ってきたときには広商っていい学校だなと思ったのが正直なところですね」

伝統がしっかりと守られていて、選手の実力も十分にある。荒谷は母校に可能性を感じていた。選手の指導に関しては高校野球、そして、商業高校の理念に忠実に行っていると話す。

「ありきたりですけど、高校野球は教育の一環です。商業高校ですので、ビジネスの社会でリーダーシップを執って活躍できる人間を育てることを大事にやっています。戦術、戦略も形じゃなくて、勝つためにどうしていかないといけないか、というところに関して、形は変わっても心構えは引き継いでいきたいなというのはもちろんありますし、そう考えていたら、世の中で活躍できる人材育成に自ずとなってくるので、そこをどう結びつけていくかは変わらないようにしていますね」

荒谷の恩師である金光も伝統を守りながら、現代の高校野球に順応しようという姿勢を高く評価している。

「話を聞いていても、私が言ったような広商の監督としての考えは、きちっと受け継いでくれています。そのうえで監督自身の新たなものをどんどん取り入れようとしているのを、話をしていても感じますね」

伝統校ではOBやファンなど周囲の人間から厳しい視線や言葉を浴びることもある。学校によってはさまざまなしがらみもあるだろう。だが、今の広島商にそのような悪習はないと荒谷は言う。

「『広商の監督って、けっこうプレッシャーでしょう?』とよく聞かれるんですけど、うちは温かく見守ってもらっているという環境があるので、ありがたいと思っていますね。ＯＢの方々が財産ですし、いい意味で後援してくださっています」

２０１５年からＯＢ会長となり、荒谷監督を支えている人物がいる。それが、73年の優勝メンバーでもある浜中だった。

73年優勝メンバーが甲子園復活をサポート

２年生ながらサードのレギュラーとして全国制覇に貢献した浜中は卒業後、金光や佃らを追って法政大に進学した。だが、肩の故障などもあり、２年生のときに退部。本人は大学だけでも卒業したいと考えていたが、家族の説得もあり、大学を中退することになった。

その後の人生は「波乱万丈ですよ」と笑うようにさまざまな職を経験した。恩師の迫田が経営していた菓子店を手伝ったこともある。その後、広島商野球部の先輩の紹介で外車のディーラー業に携わるようになり、89年に「コンクエストグループ」を設立。現在は１１８億円以上の売上高を誇る企業の社長だ。

ＯＢ会には前会長の毛利哲に声をかけられる形で、２０１１年に副会長として入会した。それから会長となり、２０２１年で7年目。心がけていることは必要以上に現場に口出しをしないことだという。

「我々は監督、部長に任せています。試合を観に行って、そこで感想を話したりはしますけど、この選手を使えとは一切言わないです」

荒谷監督の努力と浜中らＯＢ会の献身的なサポートが相まって、広島商は勢いを取り戻す。19年春の県大会で優勝。甲子園に出場した04年夏以来のことで、続く夏には準決勝で広陵相手に前年のリベンジを果たすなど、15年ぶりとなる夏の甲子園出場を決める。これには浜中も大喜びだった。

「それは嬉しかったですよ、岩本君以来出ていなかったから。65歳くらいで会長を辞めるつもりだったので、その間に1回くらい出てほしいなと思っていましたからね」

浜中がもう一つ甲子園出場を喜ぶ理由があった。それは孫の清水真翔《まなと》が出場したからだ。3年生で背番号13の真翔は初戦（2回戦）の岡山学芸館戦で7回表に代打で出場。さらに内野席で観戦していた祖父の前で、相手の失策ながらも出塁することができた。

荒谷監督の指導のもと、19年夏の甲子園に 15年ぶりの出場を果たした広島商

清水真翔は祖父、浜中の前で得点を挙げ、伝統の継承を示してみせた

その後、味方の攻撃が繋がり、本塁に生還。祖父が46年前に躍動したダイヤモンドを孫が懸命に駆け抜けた。

試合は8回裏に逆転を許して、5対6で敗れたが、伝統校の復活を多くのOBや学校関係者、そして高校野球ファンが喜んだ。その一人に73年夏にサヨナラスクイズで優勝を決めた大利裕二もいた。

大利は広島商を卒業後、広島修道大を経て、広島鉄道管理局（現JR西日本）で2年間プレーした。その後は社業に専念し、30代後半から転勤で大阪に居を構えていた。19年夏に広島商が甲子園に出場した際には、広商同窓会京阪神支部の一員として選手をサポート。「来てくれて嬉しかったですよ」と母校の甲子園出場を心から喜んでいた。

「もっと勝たせてあげないといけないメンバーだった」と荒谷監督はこの成績に満足していなかったが、名門復活の第一歩としては上々の結果だった。

精神野球は対コロナに通ず？

翌年も甲子園連続出場が期待されたが、それは叶わなかった。県大会で負けたからではない。新型コロナウイルスの感染拡大による影響で、大会そのものが中止になったからだ。

県の頂点を決める独自大会が開催されることになったとはいえ、目標を見失ってもおかしくない状況だ。それでも「精神野球」の伝統を受け継ぐ彼らは逞しかった。1回戦から順調に勝ち進むと、決勝ではライバルの広陵に9対1で圧勝。2年連続で夏の広島の頂点に立った。

優勝できた理由は選手や指導者の努力に他ならない。だが、広島商の伝統である「精神野球」はこのような困難にこそ生かされるものではないだろうか。達川光男は広島商での3年間はコロナとの戦いと非常に似ていると取材の中で話してくれた。

「コロナが終わったときにさ、みんなやれやれホッとしたという感じになると思うよ。

相手に勝てないんだから。相手に負けないことしかできないんよ。コロナに罹らないことしかできない。私たちは勝つことより負けないことしかできない。だからマスクをしたりとか、いろいろ我慢しながらワクチンを打って、負けないようにするしかできないわけじゃけえ。広商でそういう経験をさせてもらった。三つ子の魂百までと言うけどさ、義務教育が終わって、自分で選択できるじゃない。そういう中での高校野球の3年間というのはね、野球人として生きていく中での基礎だと思うよ」

迫田監督率いる広島商は負けない野球が身上だった。

新型コロナウイルスも、人間の力で撲滅できるものではない。各々で負けないように感染防止対策を講じながら、収束する日を待つしかない。達川にとってはコロナ禍を生き抜く中で、広島商での3年間が、かなり生かされているようだ。20年の3年生も、甲子園がなくなったことは無念だっただろうが、広島商での3年間を今後の人生の糧にしてほしい。

現代は科学が進歩し、合理的にトレーニングを行える世の中になってきた。広島商が掲げる「精神野球」というものは、見る人によっては時代遅れに映るかもしれない。だが、「精神野球」＝「根性論」ではない。荒谷監督は今の時代に合ったやり方で、「精神野球」の継承を目指している。

「精神野球＝真剣の刃渡りとよく言われますけど、やっぱりいかに無心になって自分たちがやってきたことをそのまま出すかというのが広商の野球の一つだと思います。選手へのアプローチの仕方を変えて、今の社会環境に認めてもらえるようなやり方をしていきたいです。指導者の引き出しが多くないといけない時代で、まだまだ道半ばなところがありますけどね」

恐らく「真剣の刃渡り」のようなものが肯定される時代はもう来ないだろう。だが、今風にアレンジしていくことで、伝統を継承していくことは決して不可能ではないはずだ。高校野球の在り方が問われている昨今で、広島商の野球がどう変化していくのかを見守っていきたいと思う。

新天地でチャレンジを続ける迫田監督

2021年7月で82歳になった迫田監督は竹原の監督として、今もグラウンドに立ち続けている。19年3月に如水館の監督を退任することになったが、野球への情熱は衰えることがなかった。長女の岩川智子《のりこ》が竹原に住んでいる縁もあり、退任直後の6月から総合アドバイザーに就任し、同年夏の大会後から監督を務めることになった。

広島商や如水館とは違って、現在の竹原は甲子園を現実的に狙える学校ではない。選手は3学年でわずか14人、1年生は3人しか入部しなかった。20年度の卒業生には初心者が2人いて、まずは危ないから人前でバットを振ってはいけないというところから教えなければならなかったという。

これまでとはまったく違う世界で野球に携わっている迫田監督。なぜ、ここまでの情熱を燃やすことができるのか。それは、「グラウンドの上で死にたいんですよ」という思いがあるからだ。

「私なんか頭悪いし、極端に言えば、野球のない国へ行ったら、早く抹殺されとるかもわからんです。それが野球のある国で、82歳を過ぎとるのに、こうやって関わらしてもらえるのは、もの凄く嬉しいですね」

少々大げさな言葉に思えるかもしれないが、迫田監督はそれだけ野球を愛している。だから、本当にグラウンドの上で倒れてしまったとしても本望なのだ。

竹原市は少子化に悩まされており、21年度は竹原で男子の入学者が14人しかいなかった。これでは部員確保もままならない。当面は部員を増やして、活気のあるチームづくりをしていくのが目標だ。

「まずは野球をする人を増やしていかなきゃいかん。今、いろいろとそういうような活動をしています。4月には達川に来てもらって、野球教室やってもろたんですよ。彼もそういうところはすごく律儀な男で、『来年、竹原高校の野球部入るやつ出てこい。わしが教えたる」と言うてくれましたよ」

20年3月には、当時の保護者会会長の協力で、選手が遠方地域からも入学できるように寮も整備された。広島商が全国制覇した翌年の1974年に県大会で準優勝したことがあるものの、ここ数年は初戦敗退が当たり前。迫田監督が指揮を執った2021年夏も初戦で観音に5対6と惜敗したが、名将の就任に地元は盛り上がっている。まだまだ時間はかかるだろうが、迫田監督の熱い思いに導かれ、竹原が甲子園に出場する日が来るかもしれない。

ユーチューブを始めた迫田監督

齢を重ねてもチャレンジをやめない迫田監督は21年、あることを始めた。

それは、ユーチューブである。5月に「迫田監督野球チャンネル」というユーチューブアカウントを開設。智子が聞き手となり、迫田監督が昔話や野球が上手くなるコツを語るというものだ。家で父の話を面白いと思いながら聞いていた智子が、「お父さん、ユーチューブやったらどう？」と持ちかけたのがきっかけだった。

当然、80歳を超えた迫田監督に動画編集の技術はない。そこで、智子が「私が何とか勉強する」と動画投稿の方法を学び、今の形が確立した。野球に詳しくない最近の人にも、迫田監督の話は、女性目線で子育てにも非常に役立つことが多いと好評だ。老若男女が楽しめるコンテンツになっているので、この本を読んだ方は「迫田監督野球チャンネル」もぜひ見てほしい。

「そういう形でユーチューブを見てもらったら、そんな嬉しいことはないですよ。私は野球だけをしとるんじゃないですよ。子どもを育てにゃいけんのです。何年かたったときに、『我々とやった野球がすごくプラスになって、今現在こうしとります』と言うてもろたら、一番嬉しいわけです」

生涯野球人でありながら、生涯教育者でもある迫田監督。これからもさまざまな形で我々を楽しませてくれるだろう。体を労わりつつ本人の納得のいくまで、野球に向き合ってほしいと思う。

おわりに

広島商が夏の甲子園を制した1973年は、筆者が生まれる20年以上前のことである。取材前は現代の常識とかけ離れている話がたくさん出てくると思っていた。確かに、60人以上入部して最終的には10数名しか残らない、真剣の刃渡りで精神力を鍛えるなど、今では考えられない話もいくつかあった。その一方で、現代に通ずる話が多くあったのも事実である。例えば、金光興二主将を中心に選手同士で指摘し合えるチームは強いという点だ。

今回の取材を行う数週間前、2021年春の甲子園に出場したある高校の練習を見て、印象に残っている場面がある。それはシートノックでの一幕だ。ミスが出ても監督は何も言わずに淡々とノックし続けていた。監督からは何か言いたいことがあるが、グッと我慢しているような雰囲気が感じられた。それについて聞いてみると、その監督も数年前までは声を張り上げることもあったそうだが、今はあまりそういうことをしなくなったという。

「自分たちで、本気になって課題を解決していかないと、本当の意味での成長はないと思います。なので、ここ数年は私はあまり声を出さず、選手が言い合える環境をつくろうと思っています。いろいろと言いたくはなりますけどね（笑）」

シートノックの様子をよく見ていると、主将を中心に選手同士で互いのプレーについて意見を言い合っている場面がよくあった。そのチームはここ数年の中では力量的に高くないと見られていた代だったが、まとまりのあるチームをつくり上げて、見事に甲子園出場を果たしたのだった。取材で迫田穆成監督らの話を聞いているときに、このチームのことをふと思い出した。時代が変わってもチームづくりで大切なことは変わらないのだと、そのときに改めて認識させられた。

スポーツでは指導者の重要性がよく語られるが、指導者だけでいいチームがつくれるわけではない。リーダーを中心に選手が自立して、成熟した組織がつくられたときに強いチームができるのではないだろうか。そういった意味で、73年の広島商は上手くチームが回っていたように感じられる。「打倒・江川卓」という大きな目標にチームが一つになっていたのも、大きくプラスに働いたのは間違いない。

現代は価値観のアップロードが、かつてない速さで求められる時代になった。少し前なら許容されていたであろう言動や行動が、ハラスメントとして問題視されることも決して珍しくはない。指導者と呼ばれる人間にとっては非常に気を遣わなければならない世の中だ。精神論が拒絶されやすい時代において、広島商野球部伝統の「精神野球」を次世代に継承するのも、そう簡単ではないかもしれない。その中で、現監督の荒谷忠勝は時代に合った伝統の継承法を模索している。

「コロナで社会情勢も変わっていきますし、教育現場もいろんな仕組みが変わっていくことが予想されます。その中で上手く対応しながら、広商の心構え、考え方というのは継承して、次の世代にバトンタッチできるようにしていきたいです」

「不易流行」という四字熟語がある。いつまでも変わらない本質的な物を大切にしながら、新しい変化も取り入れるという意味の言葉だ。野球においても今ではインターネットなどを駆使して最新の情報が手に入る。だが、そればかりを追うのではなく、過去から学び、現在に取り入れていくことも重要であるということを、今回の取材で学ばせてもらった。この一冊を通じて、読者の方の学びに繋がることがあれば、この上ない喜びである。取材の中でたくさんのことを教えてくださった皆様には、心より感謝申し上げたい。

２０２１年８月

馬場　遼

1972年〜1973年　広島商の記録

1973年（昭和48年）春の甲子園

第45回大会　4年ぶり13回目出場

1回戦

広島商	010	010	100	3
静岡商（静岡）	000	000	000	0

2回戦

松江商（島根）	000	000	000	0
広島商	000	000	10×	1

準々決勝

日大一（東京）	000	000	000	0
広島商	000	010	00×	1

準決勝

作新学院（栃木）	000	010	000	1
広島商	000	010	01×	2

決勝

横浜（神奈川）	000	000	000	12	3
広島商	000	000	000	10	1

延長11回　準優勝

1973年（昭和48年）春の広島県大会

1回戦

広島商	521	000	4	12
府中	000	000	0	0

7回コールド

準々決勝

広島商	100	100	9	11
呉商	000	000	0	0

7回コールド

準決勝

広島商	000	200	000	2
崇徳	000	014	00×	5

1972年（昭和47年）秋の広島県大会

準々決勝

尾道商	000	021	000	3
広島商	301	020	10×	7

準決勝

広島商	102	030	000	6
崇徳	000	201	100	4

決勝

広島工	000	000	000	0
広島商	000	000	01×	1

優勝

1972年（昭和47年）秋の中国大会

準々決勝

山口水産（山口）	010	000	100	2
広島商	000	210	20×	5

準決勝

広島商	002	000	103	6
境（鳥取）	000	000	100	1

決勝

広島商	020	000	020	4
松江商（島根）	001	000	200	3

優勝

1973年（昭和48年）夏の甲子園

第55回大会　3年ぶり12回目出場

1回戦				
双葉（福島）	000	000	000	0
広島商	305	000	04×	12
2回戦				
広島商	012	000	000	3
鳴門工（徳島）	000	000	000	0
3回戦				
日田林工（大分）	020	000	000	2
広島商	030	000	00×	3
準々決勝				
高知商（高知）	000	002	000	2
広島商	300	002	20×	7
準決勝				
川越工（埼玉）	000	000	000	0
広島商	000	021	40×	7
決勝				
静岡（静岡）	000	001	010	2
広島商	200	000	001×	3

9回サヨナラ

第39回大会（1957年）以来5回目の優勝

1973年（昭和48年）国体

第28回大会（千葉県）

1回戦				
作新学院（栃木）	001	000	000	1
広島商	000	000	000	0

1973年（昭和48年）夏の広島県大会

1回戦						
海田			000	000	00	0
広島商			010	202	11	7

8回コールド

2回戦						
松永			000	000	0	0
広島商			400	513	×	13

7回コールド

3回戦						
庄原実	003	000	000	000	00	3
広島商	110	001	000	000	01×	4

延長14回サヨナラ

準々決勝					
府中		000	000	000	0
広島商		010	002	20×	5
準決勝					
尾道商	400	000	000	0	4
広島商	201	000	010	1×	5

延長10回サヨナラ

決勝				
崇徳	000	000	020	2
広島商	000	004	00×	4

優勝

参考文献

●書籍
『広島商業高校野球部百年史』
『広島商業高校野球部　伝統の精神野球』（ベースボール・マガジン社）
『力がなければ頭を使え　広商野球74の法則』（ベースボール・マガジン社）
●ユーチューブ
迫田監督野球チャンネル
●ホームページ
広商野球クラブ
バーチャル高校野球
中国新聞デジタル〈センバツ中国勢・記録と記憶〉
ヤフーニュース
〈渡辺元智監督勇退。そこで「厳選・横浜名勝負」その1〉
朝日新聞デジタル
〈（あの夏）広島商×静岡1　歓喜のスリーバントスクイズ〉
〈コールド負けばかりの野球部　名将の下、地元に希望を〉
高校野球データベース 夏の地方大会編 夏の広島大会全戦績

73年夏、日本一に輝いた広島商

馬場　遼（ばんば・りょう）

1994年1月26日生まれ。滋賀県大津市出身。京都府長岡京市在住。当時高校野球の監督をしていた父の影響で小学2年生から野球を始め、高校までプレー。ポジションは内野手。立命館大でスポーツ新聞部に所属し、記者活動を始める。大学卒業後は一般企業に就職するも1年足らずで退職し、フリーライターとなり、現在に至る。高校野球や陸上競技に精通し、雑誌やウェブ等の執筆で活躍中。

再検証《さいけんしょう》　夏《なつ》の甲子園《こうしえん》　激闘《げきとう》の記憶《きおく》

1973年《ねん》 広《ひろ》島《しま》商業《しょうぎょう》

精神野球《せいしんやきゅう》の神髄《しんずい》

2021年8月30日　第1版第1刷発行

著　者　　馬場《ばんば》　遼《りょう》

発行人　　池田哲雄

発行所　　株式会社ベースボール・マガジン社

〒103-8482

東京都中央区日本橋浜町2-61-9 TIE浜町ビル

電話 03-5643-3930（販売部）

03-5643-3885（出版部）

振替口座 00180-6-46620

https://www.bbm-japan.com/

印刷・製本　広研印刷株式会社

Printed in Japan

ISBN 978-4-583-11405-7　C0075